清代赴日留学生的
语言文化交流

清国人日本留学生の言語文化接触

［日］酒井顺一郎 著

王 俊 译

浙江工商大学出版社 杭州

图字:11—2022—125

图书在版编目(CIP)数据

清代赴日留学生的语言文化交流 /(日)酒井顺一郎著;王俊译. —杭州:浙江工商大学出版社,2024.8
ISBN 978-7-5178-4979-7

Ⅰ.①清… Ⅱ.①酒… ②王… Ⅲ.①中日关系—文化语言学—文化交流—研究—清代 Ⅳ.①H0-05 ②K249.03③K313.03

中国版本图书馆 CIP 数据核字(2022)第 094846 号

Shinkoku jin nihon ryugakusei no gengo bunka sesyoku
清国人日本留学生の言語文化接触
Copyright© 2010 Hituzi Syobo
All rights reserved.
First published in Japan 2010 by Hituzi Syobo.
Chinese translation rights arranged with Hituzi Syobo.

清代赴日留学生的语言文化交流
QINGDAI FU RI LIUXUESHENG DE YUYAN WENHUA JIAOLIU
[日]酒井顺一郎 著 王 俊 译

策划编辑	鲁燕青
责任编辑	鲁燕青
责任校对	李远东
封面设计	望宸文化
责任印制	祝希茜
出版发行	浙江工商大学出版社
	(杭州市教工路198号 邮政编码310012)
	(E-mail:zjgsupress@163.com)
	(网址:http://www.zjgsupress.com)
	电话:0571-88904980,88831806(传真)
排　　版	杭州朝曦图文设计有限公司
印　　刷	杭州宏雅印刷有限公司
开　　本	880mm×1230mm 1/32
印　　张	9.375
字　　数	200千
版 印 次	2024年8月第1版 2024年8月第1次印刷
书　　号	ISBN 978-7-5178-4979-7
定　　价	50.00元

版权所有　侵权必究
如发现印装质量问题,影响阅读,请和营销发行中心联系调换
联系电话 0571-88904970

本书受国家社科基金后期资助项目"中国日语学习者动机和行为研究"(批准号:20FYYB032)资助

致中国的读者

我非常高兴各位中国读者能够读到此书。我完全没想到该书能够在中国出版。2022年8月我收到一封邮件,邮件来自浙江师范大学的王俊老师,主要内容是希望能够将本书的日文版翻译后在中国出版。虽然我一直希望能够在国外出版著作,但以这种方式达成所愿实在出乎意料。这本书的日文版出版于2010年,虽说本书是我作为学者的起点,但实不相瞒,这本书的研究内容和我现在的研究内容相去甚远,是很久之前的研究成果了。非常感谢王老师能够注意到我10多年前的作品。

在欣喜之余,我也十分犹豫是否要在中国出版。我完全没有在国外出版著作的经历。国外的出版文化不同,对本书主题的需求也不同。具体而言,关于明治时期中国留日学生的研究,中国也有众多博学多才之士进行过,大家能否接受本书的内容,对此我深感不安。但是,王老师在邮件中用真诚而热情的语言打动了我。像我这样寂寂无名的日本学者所写的书,能被众多中国读者阅读,我深感荣幸。或许本书能为日中教育文化交流史的研究做出些许贡献,于是我最终同意在中国翻译出版。

近代以来,谈到日本留学界就离不开中国留日学生。现在也是如此。就比如人数方面,日本学生支援机构调查的数据显示,

2021年度在日本的外国留学生有242444人,其中中国留学生最多,有114255人。虽说因为疫情等因素,留学生人数有所减少,但中国留学生依然占据了近半数。[①]另外,2022年8月,日本政府要求进一步增加留学生的人数。不论如何,可以预见,今后外国留日学生中的主力军仍是中国人。

无论身处何种时代,留学都是一种充满无穷好奇心、求知欲的历程。留学生们直接奔赴文化不同的国家,和不同的人用外语交往,在不同的氛围中共享异域食物,用不同的思维进行交流。对于本书的主人公——清代赴日留学生来说,从学问到生活习惯,都是一种从未有过的跨文化体验。他们不能像现在这样,直接在线上留学,或者在留学之前,先在网上搜集相关信息。正因为如此,清代赴日留学生比现在的留学生能够更加敏锐地感知自己的所见所闻,他们就像干燥的沙子遇见水一样,疯狂地吸收崭新的体验带给他们的知识。

自然,他们在见识新观念、体验外国文化之后,其思想、行动和习惯都会有意无意地发生改变。虽然时代不同了,这一点是不变的。铃木孝夫提出的"tatamiser效应"就是典型的例子[②],即在学习日语的过程中,自己会不自觉地在说话时使用更多的委婉表达,不再坚持自我,性格会变得温和,和对方对话的时候,会养成一边领首一边听的习惯。tatamiser是法语,在法语中的意思是受日本影

---

① 日本学生支援机构网页(https://www.studyinjapan.go.jp/ja/statistics/zaiseki/data/2021.html),2022年9月9日浏览。
② 详见铃木孝夫:『日本の感性が世界を変える:言語生態学の文明論』,新潮社2014年版,第52—66頁。

响而日本化的法国人。这样的变化让留学生们开始自我剖析。通过重新反思和自我反省,他们逐渐构建新的自我。在这个过程中,他们对留学国家的感情也变得复杂。

不过,有时他们也会因为排斥留学国家的人和事而受到孤立,这一点不可忽视。清代赴日留学生也不例外。当然,现在也是如此,有的留学生只和本国的留学生"抱团",用母语交流,一起行动。但凭此就能断定他们是失败的吗?有时候留学生们会因为语言能力问题或者受到对方不合情理的歧视与轻蔑而变得内向,这在本书中也有论述。虽然不应该发生如此侵害人权的事情,但也正是通过留学,留学生可以认识到世界的不合理之处,重新认识自己。因此,留学具有十分重大的意义。

并非只有留学生会有新体验,产生变化。接受留学生的一方也会受到影响,产生新的化学反应,这一点耐人寻味。对此本书也有所论述。当时的日本人并未充分意识到母语日语的用法,对其理解也不够充分。清代赴日留学生向日本人提出了一个问题——日语到底是什么?最终这个问题促使日本人的母语意识产生了变化,甚至影响到了国语学。也就是说,近代日语体系的构建,如果没有清代赴日留学生的存在,将很难成型。即使有人批判这是在胡说八道,我也虚心接受。

黄遵宪把中日关系表述为"只一衣带水,便隔十重雾"。"一衣带水"我们耳熟能详,但"隔十重雾"可能就有些陌生了。但是,正是这句话表现了日中两国的关系,有一种如鲠在喉的感觉。只要"一衣带水"与"隔十重雾"两者皆在,正如本书所论述的那样,日中之间的文化交流就是"自以为相互理解却相互误解的"。两者的交流建立在"自以为解释了""自以为传达了""自以为知道了""自以为理解了"的基础上。两个国家感受到彼此的必要性,"自以为握手了"。但是,这个握手是不自然的,不是右手和右手握手,而是右手和左手握手。正因为如此,才无法相互理解。那如何解决这个问题呢?如果直接说结论,很遗憾,不存在能够直接解决这个问题的有效手段。要解决这一问题,日中双方只能详细探究"自以为"的本质,悉心解开多年积累的相互误解的错综复杂的结。而我希望本书能成为解开这些结的推动力之一。

不管愿意与否,日中两国是邻国的关系无法改变。首先,无论在何种意义上,两国均要有兼容并包的度量。然后,正如前文所述,在悉心解开那些常年积累的错综复杂的结之后,构建两国交流的新模式。对中国的各位读者来说,本书若能提供一些思考,我将不胜欣喜。

最后,我想对翻译本书并使之在中国出版的王俊老师,为拙作中文版出版事宜鼎力相助的浙江工商大学出版社社长郑英龙先生、责任编辑鲁燕青女士,恩师国际日本文化研究中心的刘建辉教授,各位日本与中国的前辈和朋友,以及我的家人表示衷心的感谢。

酒井顺一郎

2023年写于轻柔海风吹拂的福冈

目　录

序　章 / 1
 第一节　实藤惠秀的研究 / 5
 第二节　实藤惠秀之后的研究 / 9
 第三节　何谓明治时期的清代赴日留学生 / 14

第一章　赴日留学生的产生
   ——13名留学生和1名替补留学生 / 29
 第一节　驻日公使馆和东文学堂 / 32
 第二节　所谓的1896年最早的留学生 / 36
 第三节　中日两国无战略性的留学生政策 / 39
 第四节　留学生接收体制和留学生的反应 / 40
 第五节　留学生的思想变化和留学效果 / 44

第二章　正式的留学生教育
   ——宏文学院的设立 / 51
 第一节　留学政策与亦乐书院 / 53
 第二节　宏文学院的设立 / 61
 第三节　宏文学院的教育目的 / 64

第三章　宏文学院的留学生教育 / 83
　　第一节　普通教育的概况 / 85
　　第二节　速成师范科 / 102

第四章　近代日语教育的产生及其对留学生的影响 / 127
　　第一节　日语教师队伍 / 130
　　第二节　宏文学院编写的《日本语教科书》（第1—3卷）/ 134
　　第三节　教学法 / 154

第五章　留学生活中的困难 / 173
　　第一节　"衣"之困难——服装与辫发 / 176
　　第二节　"食"之困难 / 185
　　第三节　"住"之困难 / 192

第六章　清代赴日留学的落幕
　　　　——宏文学院关闭 / 203
　　第一节　留学生与教育机构的关系——嘉纳治五郎和杨度的辩论 / 205
　　第二节　日本社会对中国留学生的情感变化 / 226
　　第三节　对留学生教育机构的批判与清政府留学生政策的转变 / 235
　　第四节　嘉纳治五郎最后的赌注 / 246

终　章 / 259
后　记 / 283
译后记 / 286

序　章

在当今社会，留学并不罕见，比如有因想接受教育去国外高等教育机构留学的，还有因学习语言去留学的"语言留学"、因体育训练去留学的"运动留学"，甚至还有因发展个人兴趣去留学的"兴趣爱好留学"。形式多种多样，好像任何词语前都能冠以"留学"二字，这也间接说明现在留学变得何其简单。遥想隋唐、宋明时期的日本留学僧，克服艰难险阻，远渡中国，那时留学的机会弥足珍贵。不过，在此之后，留学逐渐受到人们关注。现代国家纷纷崛起的19世纪末期，世界范围内的留学人数增加，许多国家和地区迎来了留学高潮[1]。在亚洲，日本于幕府末期到明治时期率先出现留学的热潮，此时的留学是为了学习西方文明，抵御欧美侵略，防止被殖民。随后，亚洲各国纷纷效仿日本，开始向国外输送大量留学生，也是基于此目的。特别是清末，中国派遣了世界史上极其少见的大规模留学生团，日本便是其中一个重要的留学目的地。青柳笃恒对清代日本留学热有以下描述：

> 学子互相约集，一声"向右转"，齐步辞别国内学堂，买舟东去，不远千里，北自天津，南自上海，如潮涌来。每

---

[1] 横田雅弘、白土悟：『留学生アドバイジング：学習・生活・心理をいかに支援するか』，ナカニシヤ出版2004年版。

遇赴日便船,必制先机抢搭,船船满座……中国留学生东渡心情既急,至于东京各校学期或学年进度实况,则不暇计也,即被拒以中途入学之理由,亦无暇顾也。总之分秒必争,务求早日抵达东京,此乃热衷留学之实情也。[①]

从以上描述中我们可以看到清代学生争先恐后地前往日本留学。中日间第一次人员交流的热潮是日本派往中国的遣隋使、遣唐使、留学生、留学僧带来的,第二次则是清代的赴日留学。一方面,留学生把日本文化传播到了中国,但这并不是单纯意义上的直接的文化交流,而是将自己的在日体验通过其本国文化滤镜加工后传入中国。另一方面,中国文化以清代留学生为媒介在日本传播开来。我们不能忽视的是在跨文化交际中,中日双方对彼此文化必定会有理解、误解、抵制、接受、重新认识的过程。

明治时期的清代留学生有一个我们不能忽视的特点,即他们必须在短时间内学成归国。尽管有人认为中日两国同文同种,地理位置接近,但对以中华悠久历史文化为傲的清代留学生来说,要想他们全盘接受明治维新后不久的日本的一切,并非易事。在这样的特定条件下,他们追求的教育是怎样的?他们是如何接触日本社会的?他们的留学生活是怎样的?日本人是如何看待他们的?考察和分析以上问题具有重要意义。当然,要厘清这些问题还必须关注留学生接收机构的教育理念、留学生和教育机构的关

---

① 青柳篤恒:「支那人の子弟は何故に我邦に遊学せざる可からざる」,『早稻田学报』1906年第141号。中文译文来自实藤惠秀著,谭汝谦、林启彦译:《中国人留学日本史》,生活·读书·新知三联书店1983年版,第37页。

系、监督留学的机构,此外还要关注中日关系,即中日两国留学政策、国际形势等。到目前为止,从以上角度对清代赴日留学生进行考察的研究或数量少,或过度集中研究某一方面。因此,本书在宏观上从国际形势、政策制度角度,在微观上从日本社会、教育机构和留学生个人角度对清代赴日留学生进行研究,有利于将相关研究水准提升到一个新高度。

本书将从上述角度出发,分析、探究清代赴日留学生的教育文化交流情况,特别是以当时中国留日学生的大本营——宏文学院为中心,从留学政策、留学生的教育状况、留学生在课堂外与日本社会的接触,即从内、外两方面分析清代学生赴日留学的始末,以揭示清代赴日留学生的全貌。本文使用的史料包括日本外务省外交史料馆馆藏史料、讲道馆馆藏史料、留学生使用的教材、当时的报纸杂志、留学生日记等。

第一节 实藤惠秀的研究

有关中国赴日留学生的研究主要包括中国学者和日本学者两方面的研究。20世纪20年代,中国学者舒新城最早开拓了这一研究领域。他在《近代中国留学史》[①]一书中回顾了留学生的发展历程,指出了留学政策上存在的问题。然而,直到1970年之后,才有其他中国学者陆续开展相关研究。

日本方面,最早进行相关研究的是松本龟次郎,他以自己在宏文学院的教学经历为蓝本,写出了《中华留学生教育史》(『中華留

[①] 舒新城:《近代中国留学史》,中华书局1927年版。

学生教育小史』[①]）。

　　此后，实藤惠秀运用日华学会等机构的丰富史料，撰写出版了《中国人留学日本史稿》(『中国人日本留学史稿』[②])和《中国人留学日本史》(『中国人日本留学史』[③])，介绍了1896—1937年中国人的留日情况。实藤惠秀至今仍是研究中国赴日留学生的泰斗级人物，但笔者认为其研究也存在问题，具体有以下4点：(1)过于概括，其中有一些基础信息存在差错；(2)未定义明治时期的"留学生"；(3)关于留学生教育的实况研究不充分；(4)关于留学生和日本文化、社会的关系的研究不充分。

　　关于第一点，实藤惠秀虽然运用丰富的史料并对留学生进行了访谈，但是内容过于概括，这对于了解留学生的全貌虽然有用，但其最主要的作用还是整理史料。而且整理的史料错误过多，很难说其进行了充分的验证和分析。例如，1896年中国派遣的第一批留学生最后实际是14人，但实藤惠秀说仅有13人，而且留学生的名字等基础信息也出现了错误。实藤惠秀对当时的留学生唐宝锷进行了访谈，这一调查方法有其价值，但由于访谈的特点，一次能够记住的访谈内容有限，因此在名字这样的基本事项上出错也不奇怪。

　　至于第二点，我们在进行研究时，必须定义关键词，但是实藤惠秀没有对"留学"进行定义。明治时期留学生与留学目的、教育机构、教育内容和教育学制等的关系错综复杂（这一点后文会详细

---

① 松本龟次郎：『中華留学生教育小史』，東亜書房1931年版。
② 実藤惠秀：『中国人日本留学史稿』，日華学会1939年版。
③ 実藤惠秀：『中国人日本留学史』，くろしお出版1960年版。

论述），特别是宋教仁、陈天华等所谓"革命亡命客型"赴日人员虽然也被当作留学生，但他们来日本或是流亡，或是为了革命。这一部分人是明治时期留学背景下的特殊产物，但只有少数，他们来日并不是为了学习知识。这是我们在研究清代赴日留学生时万万不能忽视的。如果把这部分学生也当作"留学生"，是否合适呢？讨论教育文化交流，却不对"留学"进行定义，笔者对此不敢苟同。

第三点，实藤惠秀指出在明治时期的留学生教育中，留学生及留学生接收教育机构的质量参差不齐。他说道："这最多是中高级学生的水平，那些速成班学生的水平更是可想而知了，这样能称为'留学'吗？"[①]如前所述，实藤惠秀并未定义"留学"，于是就产生了这样的矛盾。另外，实藤惠秀对于实际的教育状况也调查得不甚详尽，虽然其中有史料不足的原因，但有关教育状况的分析实在过少。出于以上理由，笔者对实藤惠秀有关明治时期赴日留学生教育的研究结论尚有存疑，认为其有深入挖掘研究下去的价值。

原本清代赴日留学生的教育特色是以普通教育为主的速成班教育。当时的清政府刚刚进行学校教育改革，不仅普通教育，连专业教育也很难开展。对于清政府来说，当时的日本留学带有很强的定向教育的色彩，所以采取上述教育政策也不奇怪。在实藤惠秀的著作中，留学生接收机构和教育内容的水平低说得好像是质量有问题一样，但教育内容实际上是根据清政府的要求制定的，日本只不过是满足了清政府的要求而已。笔者认为，我们应该分析考察的是对待留学生的教育方法与实际收到的效果。但是很遗

---

① 実藤惠秀：『中国留学生史談』，第一書房1981年版，第208頁。

憾,实藤惠秀并没有分析这些内容。

关于留学生的质量问题,对于以"四书五经"为主要学习内容的清代学生来说,近代教育是陌生的。来到日本后,一些人甚至连初等教育的知识都理解不了。但是,仅凭此就说其质量有问题,未免太过武断。笔者再次重申,我们在研究分析初次接触到近代教育的留学生接受的教育和收到的学习效果时,必须要考虑当时的教育状况。

不过,实藤惠秀提到一部分留学生作风不好,这确有其事,有必要从这个角度讨论留学生的质量问题。但实藤惠秀对此仅提到这个现象,并未深入分析,也未分析派遣、监督这部分问题留学生的清政府的处理方式。

最后第四点,实藤惠秀对留学生和日本文化、社会的关系整体持负面评价。实藤惠秀指出,日本社会对留学生的歧视导致了他们的抗日、反日。但是,周作人说没有因受到侮辱而发展到抗日的情况[1]。明治时期的留学生几乎不与日本社会接触,因此无从谈起是因受到歧视,以至于发展为抗日、反日。相反,留学生甚至还表现出了对日本社会、文化的蔑视。实藤惠秀虽然提到了这一点,但并未深入分析,以至于结论过于武断。特别是"二战"后的实藤惠秀有意回避提及留学生对日本的蔑视态度,著作中也并未将留学生对日本的看法和日本社会对留学生的看法做比较分析,而是草草得出结论,笔者认为这实在不妥。

---

[1] 周作人著,木山英雄編訳:『日本談義集』,東洋文庫2002年版,第332—333頁。

此外，我们必须考虑和留学生生活息息相关的日语教育的问题，而实藤惠秀没有提到留学生日语教育的实际情况。当然，这里的日语教育不仅包括课堂内的学习，还包括课堂外的日语学习。

第二节　实藤惠秀之后的研究

下面我们来看一下实藤惠秀之后有关中国留学生的研究，遗憾的是仅永井算巳进行了相关研究，这种情况一直持续到20世纪70年代[①]，而且永井算巳的研究方法和实藤惠秀如出一辙。

20世纪70年代以后，日本外务省外交史料馆公开了留学生的记录史料，以阿部洋为首的国立教育研究所研究小组对赴日留学的兴起原因、发展动态做了专题研究，包括阿部洋的《中国近代的海外留学发展——日本留学和美国留学》(「中国近代に於ける海外留学の展開—日本留学とアメリカ留学—」)、齐藤秋男的《澎湃——在日中国留学生的典型》(「澎湃—中国人日本留学生の一典型—」)、二见刚史的《战前日本的中国留学生预科教育的成立与开展》(「戦前日本における中国人留学生予備教育の成立と展開」)、细野浩二的《清末留日极盛时期的形成和逻辑构造》(「清末留日極盛期の形成とその論理構造」)，这些文章都收录在《国立教育研究所纪要》1978年第94期中。这些研究为我们提供了丰富的史料，但其研究方法和实藤惠秀如出一辙，因此也存在和实藤惠秀

---

① 永井算巳:「所謂清国留学生取締規則事件の性格—清末留日学生の一動向—」,『信州大学紀要』1952年第2号,第11—34頁;永井算巳:「光緒末年に於ける留日学生界の趨勢」,『歴史学研究』1957年第206号,第25—31頁。

研究相同的问题。

　　同一时期,中国台湾有关留学生的研究如火如荼,特别是黄福庆发表了一系列论著,如《清末留日学生派遣政策的形成与发展》(「清末における留日学生派遣政策の成立とその展開」[1])、《清末留日学生的特质与派遣政策的问题点》(「清末における留日学生の特質と派遣政策の問題点」[2])、《清末留日学生》[3]。这些是研究清末留学生的珍贵史料,但其研究方法和实藤惠秀也一脉相承。

　　中国实行改革开放以后再次向国外派遣了大量留学生。19世纪80年代中后期至90年代初,严安生的《日本留学与"中体西用"》(「日本留学と『中体西用』」[4])和他的研究集大成之作《日本留学精神史——近代中国知识分子的轨迹》(『日本留学精神史—近代中国知識人の軌跡—』[5])陆续发表。这些论文和著作描写了留学生在日本文化社会中矛盾的心理状态,展现了清末留日学生的生动形象,在日本广受好评。这些作品虽然从比较文化等方面对留学生进行了研究,但对留学生最重要的学业问题等教育状况并没有充分论述,没有形成完整的体系,只是截取了置于特殊环境中的部分留学生及有关现象,并不能代表整个留学生群体。

---

[1] 黄福庆:「清末における留日学生派遣政策の成立とその展開」,『史学雑誌』1972年第7号,第37—65頁。
[2] 黄福庆:「清末における留日学生の特質と派遣政策の問題点」,『東洋学報』1972年第4号,第34—39頁。
[3] 黄福庆:《清末留日学生》,中国台北"中央研究院近代史研究所"1975年版。
[4] 严安生:「日本留学と『中体西用』」,『比較文学研究』1985年第48号,第107—125頁。
[5] 严安生:『日本留学精神史—近代中国知識人の軌跡—』,岩波书店1991年版。

序　章

　　此外,还有田正平的《留学生与中国教育近代化》[1]、沈殿成主编的《中国人留学日本百年史》(上、下册)[2]、吕顺长的《清末"五校特约"留学与浙江省的对策》(「清末『五校特約』留学と浙江省の対応」[3])。进入21世纪后,大里浩秋、孙安石编写了《中国赴日留学史研究的现阶段》(『中国人日本留学史研究の現段階』[4]),佐藤尚子的《明治妇女界与中国女性教育》(「明治婦人界と中国女子教育」[5])关注了女留学生,王岚的《战前日本高等商业学校里的中国赴日留学生研究》(『戦前日本高等商業学校に於ける中国人日本留学生に関する研究』[6])聚焦了官立高等商业学校里的留学生教育史。部分学者关注了留学教育中最重要的科目——日语教育,比如吉冈英幸的《松本龟次郎编撰的日语教材——以语法型教材为中心》(「松本亀次郎編纂の日本語教材—語法型教材を中心に—」[7])等。

　　回顾实藤惠秀之后进行的研究,可以看出虽然有一些进展,但存在以下问题。

---

[1] 田正平:《留学生与中国教育近代化》,广东教育出版社1996年版。
[2] 沈殿成:《中国人留学日本百年史》上、下册,辽宁教育出版社1997年版。
[3] 呂順長:「清末『五校特約』留学と浙江省の対応」,『中国研究月報』1998年第2号,第19—30頁。
[4] 大里浩秋、孫安石編:『中国人日本留学史研究の現段階』,御茶の水書房2002年版。
[5] 佐藤尚子:「明治婦人界と中国女子教育」,『教育科学』2000年第24号,第5—34頁。
[6] 王嵐:『戦前日本高等商業学校に於ける中国人日本留学生に関する研究』,学文社2004年版。
[7] 吉岡英幸:「松本亀次郎編纂の日本語教材—語法型教材を中心に—」,『早稲田大学日本語教育研究』2005年第6号,第15—27頁。

（1）过于概括；

（2）未定义"留学"；

（3）主要聚焦于"留学政策和留学协议、制度的研究"；

（4）未充分论述"留学生教育的实际情况"；

（5）未充分论述"留学生和日本文化、社会的关系"。

第一点和第二点也是实藤惠秀研究中存在的问题。

至于第三点，众所周知，近代的留学是作为国家战略来实行的，对"留学政策和留学协议、制度的研究"具有重要意义。但是，国家政策不一定得到有效的实施。因此，解析教育一线的实际状况，分析留学政策和留学协议、制度，有利于提升该领域的研究水平。也就是说，只有从多角度对当时的留学生群体进行分析，才能够全面了解清代留日学生的面貌。

第四点同样也是实藤惠秀研究中出现的问题。当然，之所以有这个问题一部分是因为史料不足。例如二见刚史、荫山雅博和老松信一虽然进行了部分研究[1]，但过于概括，对留学生教育机构、教师和留学生的关系、留学生活没有做充分的阐述。

另外，日语教育可以说在留学生的留学生活中占据着十分重要的位置，但现有研究对其做的分析考察并不充分。在日语教育

---

[1] 二見剛史：「戰前日本における中国人留学生教育—特設予科制度の成立と改編—」，『日本大学精神文化研究所・教育制度研究所紀要』1976年第7号，第69—123頁。蔭山雅博：「宏文学院における中国人留学生教育—清末期留日教育の一端—」，『日本の教育史学』1980年第23号，第58—79頁。老松信一：「嘉納治五郎と中国人留学生教育」，『講道館柔道科学研究会紀要』1978年第Ⅴ輯，第83—96頁。

史研究领域中虽有少量研究,但仅限于教材研究[①]。甲午战争以后,虽然师资团队开始以日本人为主体,但此时日本并没有确立通用语。也就是说,日本人在并没有明确自己的语言是何种语言的情况下教授留学生日语。留学生们也会反问,究竟哪种日语才是真正的日语?因此,分析教师选择哪种方言教学,如何教授,教学效果如何,对其后的日语语法有着何种影响就显得尤为重要。但已有的研究在以上方面有所欠缺。另外,笔者还认为有必要谈及留学生的日语学习观。

关于第五点,对留学生来说,留学生活并不限于课堂,反而他们在课堂外的时间更长。如前所述,留学生是中日文化交流的载体,在这样的跨文化交际过程中,中日双方对彼此的文化必定会有一个误解、抵制、接受、重新认识、理解的过程,从而产生内心的挣扎与冲击。如果我们要全方位了解留学生的跨文化交际活动,就必须关注课堂外的留学生活。遗憾的是,已有研究均沿袭了实藤惠秀的研究方法,或为概论研究,或集中于留学政策和留学协议、制度的研究。虽然已有研究中有一小部分描绘了留学生课堂外的生活,但他们大多为流亡日本的革命志士和留学精英,怀揣着救国梦,或喜或悲,与有共鸣的日本人共同谱写了美好的中日交流篇章[②]。然而,这部分

---

① 吉冈英幸:「松本亀次郎編纂の日本語教材—語法型教材を中心に—」,『早稲田大学日本語教育研究』2005年第6号,第15—27頁。
② 例如,鲁迅和藤野严九郎的关系,黄兴、宋教仁和宫崎滔天等的关系。详见阿部兼也:『魯迅の仙台時代—魯迅の日本留学の研究—』,東北大学出版会1999年版;宋教仁著,松本英紀訳注:『宋教仁の日記』,同朋舎出版1989年版;王暁秋著,木田和生訳:『中日文化交流史話』,日本エディタースクール出版部2000年版。

仅占少数，更多的是普通的留学生，如果不关注这些普通留学生，恐怕我们无法揭开清代赴日留学生的全貌。

综上所述，虽然已有研究为我们提供了有关中国留日学生的丰富资料，但并不成体系。虽然资料很翔实，但研究框架均沿袭了实藤惠秀的体系，有其不可避免的问题。

因此，本书主要聚焦在"留学生教育的实际情况"与"留学生和日本文化、社会的关系"两点上，以对前人研究进行补充。

第三节　何谓明治时期的清代赴日留学生

一、留学的定义

在进入正文前，我们必须明确何谓"留学"。已有研究并没有对"留学"一词进行过明确的定义。

首先，我们来看一下"留学"这个词的意思。《大言海》对其解释为"在外国做学问"，词源是"宝龟六年十月，吉备朝臣真备，从使入唐，留学受业"（《续日本纪》）。[1]可以说，"留学"一词的意思自古到今几乎没有变化，即发展中国家的人到发达国家学习。如今，中日"留学"一词的意思相近，但是在唐代，作为世界首屈一指的文明大国，唐王朝不可能派人去国外学习，相反当时有很多外国人前来学习。因此，"留学"一词可能是遣唐使时期日本创造的和制汉字词。当时，处于同一个汉字圈的朝鲜、越南等也向唐朝派遣了留学生，

---

[1] 大槻文彦:『大言海』第4卷，富山書房1935年版，第802页。该书显示其正式发音不是「りゅうがく」而是「るがく」，"留学生"的发音也是「るがくしょう」。日语词典《广辞苑》第5版第2801页显示，"留学"意为"在异国他乡学习"，"留学生"意为"在外国研究学术、学习技艺的人"。

序　章

这些国家也可能使用了"留学"一词。然而,作为亚洲最早近代化的日本,其创造的"留学"一词在近代史上又具有重要意义。

在遣唐使时期,与"留学"意思相近的还有"还学生"一词,也就是"会回来的学生"。"留学生"在遣唐使回国以后会继续待在唐朝二三十年,例如《天平之甍》[①]中的人物业平放弃做学问而选择留在唐朝。此外,也有修得了学问尝试回到日本的人,但由于险风恶浪而葬身于无情的大海。也就是说,"留学"最早的意思并不包含一定要回国,仅仅表示去外国学习。这一意思在幕府末期到明治时期发生了变化——到欧美国家留学的日本人必须回到日本。此时,"留学生"的意思包含了"还学生"的意思,即必须回到日本。也就是必须回国为祖国的发展做出贡献。因此,明治时期的"留学"是指修得学问后必须回国。

日本把明治时期来日本留学的中国学生称为"留学生",但当时的中国却把日本、欧美留学生称为"游学生"。中国为什么不用"留学"一词呢?在解答这个问题之前,我们先来看一下"游学"一词的意思。

在诸桥辙次编写的《大汉和辞典》中,"游学"的意思是"去他乡做学问",其词源是《史记》中记载的"荀卿游学于齐"[②]。此外,《史记》中还解释为"做学问的人",《魏书》中解释为"来学习",《韩非子》中解释为"做游侠和做学问",等等[③]。"游"的意思是"去他乡"[④],并不是我们现在所说的边游边学的意思,"学习"的色彩更浓厚一

[①] 井上靖:『天平の甍』,新潮社1964年版。
[②] 諸橋轍次:『大漢和辞典』卷7,大修館書店1958年版,第108頁。
[③] 諸橋轍次:『大漢和辞典』卷7,大修館書店1958年版,第108頁。
[④] 諸橋轍次:『大漢和辞典』卷7,大修館書店1958年版,第108頁。

些,也就是"在外国学习、研究技艺"。

接下来我们来分析为什么当时的中国没有使用"留学"一词。清政府大力发展留学,并制定了很多重要的留学规定,但在这些文件中并未使用"留学"一词①,大多使用的是"游学"。这恐怕是因为"留学"一词是外来词汇,还未被广泛使用。

综观国家颁布的重要留学规定,我们发现"留学"一词在1912年后才固定下来②。辛亥革命前后,从日本归来的留学生开始在各个领域发光发热,这促进了"留学"一词的固化。甚至可以说,留学本身就是为了促进近代化,近代化和留学有着密不可分的关系。中国改变了以往"游学"的说法,转而采用"留学"这一和制汉字词,大概是认识到了留学对近代化的重要性。也可以说,明治时期在

---

① 留学相关规定有:《约束游学生章程》(1903年)、《奖励游学毕业生章程》(1903年)、《自行酌办立案章程》(1903年)、《陆军学生分班游学章程》(1903年)、《考验出洋毕业生章程》(1904年)、《通行各省选送游学限制办法》(1906年)、《考验游学毕业生章程》(1906年)、《管理日本游学生章程》(1906年)、《中国留日学生教育协议会约款》(1907年)、《奏定日本官立高等学堂收容中国学生名额及各省按年份认经费章程》(1907年)、《酌拟游学毕业生廷试录用章程》(1908年)、《改订管理游日学生监督处章程》(1910年)、《学部咨留日女生酌定补官费办法札饬提学司遵照文》(1910年)(周一川:『中国人女性の日本留学史研究』,国書刊行会2000年版,第44—45頁)。

② 留学相关规定有:《管理留学日本自费生暂行规程》(1914年)、《经理留学日本学生事务暂行规程》(1914年)、《管理留日学生事务规程》(1914年)、《各省留学公费生缺额选补规程》(1916年)、《教育部订定选派留学外国学生规程》(1916年)、《留日官自费生奖励暂行章程》(1918年)、《留日官费生实习暂行章则》(1918年)、《修正管理留日学生事务规程》(1920年)、《管理自费留学生规程》(1924年)(周一川:『中国人女性の日本留学史研究』,国書刊行会2000年版,第111—112頁)。

某种意义上,是从"游学"向近代意味更浓的"留学"转变的过渡期和试用期。

分析到这里,我们可以把"留学生"看作在日本"研究学术、学习技术",最终"回国"的人。

接着我们来看这些留学机构里的教师是否可以不是日本人,而是中国人?当时的清代留日学生教育机构大本营宏文学院,仅雇用了一名毕业的留学生当教员,其余都是日本人。如果教员全部是中国人的话,那和在中国国内做学问也没有区别,所以要向留学生传授日式的教育内容、方法,日本教师是比较合适的。

我们还要验证在已有研究中被称为"留学生"的群体。以实藤惠秀为代表的研究者认为,当时日本在甲午战争和日俄战争中获胜,发展迅猛,快速进入近代化,于是清政府认为有必要派遣留学生,让他们学成后归国,投身于祖国建设。除了1896年第一个清代留日学生,其余留学生的派遣均是出于这个目的(后文将会详述)。但是已有研究将派遣的人都划分为"留学生",笔者认为这并不合适。像宋教仁、陈天华这样的"革命流亡型"的人,真的可以被称为"留学生"吗?如前所述,他们虽然是教育机构的学生,但他们来日本的目的或是流亡,或是进行革命运动。这从宋教仁的日记中可以得到验证。他在日本期间主要是进行革命活动,几乎没有时间和精力来认真学习[1]。因此,这些人不属于在日本"学习、研究技艺"的人,并不能被划分为"留学生"。

最后要看的是留学时间。非常遗憾的是《大言海》等词典并未

---

[1] 宋教仁著,松本英紀訳注:『宋教仁の日記』,同朋舎出版1989年版。

对其有任何的定义和解释,那我们来看一下当时日本主要留学机构宏文学院的情况。表0-1展示的是1906年5月开始到留学高峰1906年10月的学生人数。留学时间为1个月的学生有106人;留学时间为6个月到1年的学生有1128人;留学时间超过(含)1年1个月的不到总数的一半,仅有536人。从当时中国的实际情况来看,实行这样的速成教育模式也在情理之中。即使留学1个月,也是向日本学习做学问的宝贵时间。因为宏文学院记录的留学时间最短是1个月,所以本书所说的留学时间"不少于1个月"。

表0-1 在校时长和学生人数[①]

在校时长	学生人数/人
1个月	106
4个月	3
6个月	158
7个月	331
8个月	74
9个月	163
10个月	192
11个月	105
1年	105
1年1个月	375
1年2个月	49

---

① 笔者根据讲道馆收藏的《宏文学院一览》(1906年10月末调查)制作而成。

续 表

在校时长	学生人数/人
1年6个月	27
1年10个月	19
1年11个月	7
2年3个月	36
2年4个月	23

只是,当时的留学生教育机构中存在一些拜金主义的现象,这些教育机构上课配置翻译人员,短短几天便把课程修完,然后给学生发放毕业证书。这些机构被称为"学店""学商"[①]。一些已有研究也会把这样的机构称为留学机构。笔者不禁怀疑,短短几天便能毕业的地方能叫作留学机构吗?在这些教育机构学习的人能叫作"留学生"吗?

综上所述,笔者将"留学"定义为:"来到日本,在教员多为日本人的教育机构中,接受日式的教育内容和方法,进行学术、技艺研究和学习,留学时间不少于1个月。"

二、清代赴日留学生的类型

在上文中,笔者明确了"留学"的定义。接下来,为使本研究更具有针对性,进一步明确留学生的定义,笔者将通过分析本书所依托的观点来构建框架进行探析。

通过对已有研究的梳理,笔者发现留学生大致分为以下4类:

---

① 実藤恵秀:『増補 中国人日本留学史』,くろしお出版1970年版。

清末志向做官型、国家近代化型、享受市民生活型和民间上升志向型。它们的关系如图0-1所示。

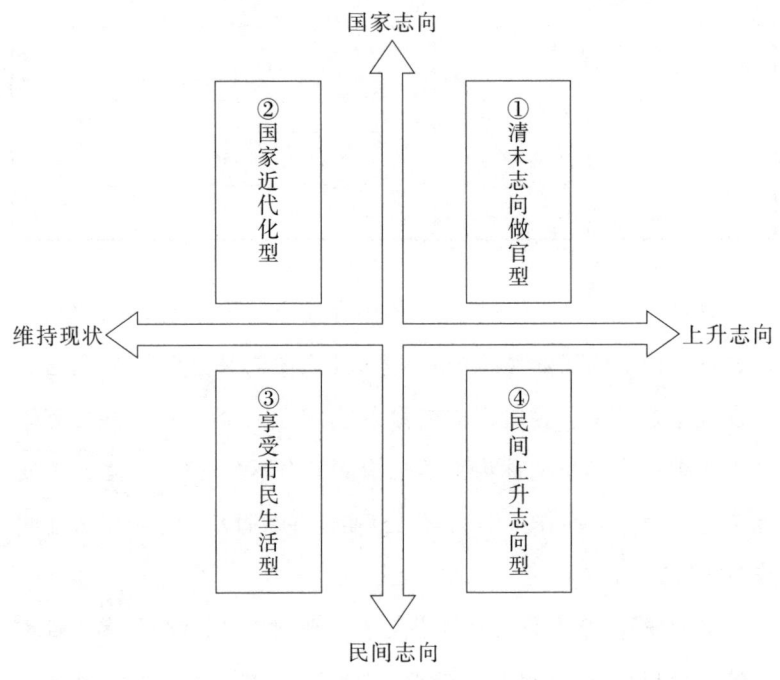

```
                    国家志向
                      ↑
        ┌─────┐       │      ┌─────┐
        │ ② 国│       │      │ ① 清│
        │ 家 近│       │      │ 末 志│
        │ 代 化│       │      │ 向 做│
        │ 型  │       │      │ 官 型│
        └─────┘       │      └─────┘
                      │
维持现状 ←────────────┼────────────→ 上升志向
                      │
        ┌─────┐       │      ┌─────┐
        │ ③ 享│       │      │ ④ 民│
        │ 受 市│       │      │ 间 上│
        │ 民 生│       │      │ 升 志│
        │ 活 型│       │      │ 向 型│
        └─────┘       │      └─────┘
                      ↓
                   民间志向
```

图0-1　清代赴日留学生类型

第一类"清末志向做官型"指的是向往当官的留学生。《游学译编》(『遊学訳編』)中收录的某位留日学生的文章说:"留学生中没有人不想当官……国内热心于革命的人,听到传言,到这边来留学,结果大跌眼镜,大家都想做官,几乎没有例外。"[①]我们可以看出,大多数人留学就是为了做官,他们通过科举制度废止前后举行

---

① 実藤恵秀:『中国留学生史談』,第一書房1981年版,第182頁。

的新式科举后赴日留学。1905年科举制度完全废除以后,来到日本的留学生和"伪"留学生超过8000人,并在1906年迎来最高峰,有传言达到了10000人,甚至20000人。

对于科举制度有各种各样的评价,但从其公平性来讲,该制度是值得肯定的。科举制度不考虑地位、家世、财产、年龄等因素,是一种仅看考生个人能力的严格公正的官僚选拔机制。因此,即使是贫苦农民出身,也能够凭借个人能力出人头地。也就是说,科举制度是"通往成功的天梯"。也正因为如此,对自己能力足够自信的人,或背负着父母及全族希望的人,他们从小便开始备考,只要经济条件允许,会一直考下去,很多人到了老年依旧在考。所以有老年留学生也就不足为奇了。一朝及第,财富、地位、名誉、权力全都唾手可得,养活全家不在话下。除了科举考试中及第的人,通过童试的人也可以成为乡绅,成为乡绅后在当地社会的影响力就不同了。科举选拔制度持续了1000多年,其权威性不言而喻,已经深入中国社会生活的各个层面。但随着科举制度的废除,不仅对想出人头地之人,而且对整个社会甚至对清政府的存在根基都产生了巨大影响,因此必须制定这个时代里能够取代"科举"的制度。在这样的背景下,《考验出洋毕业生章程》应运而生。1905年,清政府组织了面向留学生的归国选拔考试,旨在从留学生中选拔人才。14名留学生参加了本次考试,他们全部是留日学生,并均被录用。很多想在清政府做官的人看到这样的结果,纷纷选择赴日留学。

留学生的留学期限既有短期也有长期,但大部分是短期,其中速成班的留学生占留学生总人数的60%[1]。留学生归国选拔考试并不像科举的殿试那样每3年举行1次,而是每年都会举办,所以大家更倾向于短期留学,留学结束后立马回国参加选拔考试。

  这里我们需要注意的是,这些留学生是为了自己的前途主动地选择留学的。在较早流行"留学"的日本,借园田英弘的话来说,"幕府末期开国以来,日本人的主要兴趣在于学习西洋的'文明',并将其带回日本"[2]。在日本的近代化过程中,留洋的日本留学生做出了巨大的贡献。这部分留学生回到日本后对于建设国家抱有很强的使命感,不过他们是被政府派遣去往海外的,因此在某种意义上算是被动留学。我们所熟知的夏目漱石,他留学英国算是被强制的。不管怎样,东亚各国的留学一般都带有这样的特征:留学生出国学习先进的文明,学成归国后报效国家。尽管明治时期的中国留日学生并非都是如此,但相比报效国家,大多数留学生是为了自己的前途而主动选择留学,这也体现在后面要讲到的"享受市民生活型"和"民间上升志向型"留学生上。

  "国家近代化型"留学生赴日是为了回国建设国家。对于这一点,园田英弘也提过,明治时期的清代留日学生主要来自精英阶层[3],也就是从军队、政府和学校里遴选出来的。明治时期赴日留

---

[1] 厳安生:『日本留学精神史——近代中国知識人の軌跡——』,岩波書店1991年版,第302頁。
[2] 園田英弘:「留学:文明摂取のための運動」,『現代日本文化における伝統と変容:日本人にとっての外国』,ドメス出版1991年版,第26頁。
[3] 園田英弘:「留学:文明摂取のための運動」,『現代日本文化における伝統と変容:日本人にとっての外国』,ドメス出版1991年版,第25頁。

学生中的"国家近代化型"也大多来自精英阶层,例如进士、举人和在职官员①。可以说,他们的留学是为了中国的近代化建设而接受再教育。他们把国家放在第一位,同时意图维持自身在中国的地位。

"享受市民生活型"留学生没有什么目的,他们赴日主要是为了游山玩水。撰写了黑幕小说《留东外史》的赴日留学生向恺然便属于此类型。他在自传中②写道,他14岁的时候进入长沙高等实业学校学习,只读了1年,便因参与公葬陈天华的学生运动被学校开除学籍。当时凡被开除者,很难再考取其他学校,于是他萌生了东渡留学的想法。随后,他让父亲变卖田地,于1908年赴日进入东京宏文学院学习。当时他这样选择可能很大程度上是因为赴日留学有利可图。他自己也说"无目的无计划地在日本混了几年",可见他在日留学期间无所事事。虽说是无所事事,但他也学习了在教室里学习不到的日本社会方面的知识。其集大成便是《留东外史》。对该著作实藤惠秀评价道"惊叹于其对东京的详细叙述"③,可见向恺然在课堂外获得了很多知识。这种类型的留学生不像"清末志向做官型""国家近代化型""民间上升志向型"留学生急于学成回国,他们的留学生活并不是完全和日本社会没有交流,过着教室、宿舍两点一线的生活。这类留学生与日本社会有一定

---

① 王晓秋著,木田和生訳:『中日文化交流史話』,日本エディタースクール出版部2000年版,第146頁。
② 崔暁紅:「日本の壁:『留東外史』の日常世界」上,『饕餮』1998年第6号,第3—4頁;向恺然:《自传》,《江湖奇侠传》,岳麓书社1988年版,卷首。
③ 実藤惠秀:「留東外史と其の日本觀」,『中國文學月報』1936年第12号,第9頁。

接触,其数量在留学生中占比较少。

此外还存在这样的留学生,他们赴日留学名义上是"清末志向做官型""国家近代化型""民间上升志向型",但实际上没有认真思考过未来,只想暂且先赴日留学。这些人也可以被称为"享受市民生活型",例如民国大学教务长黄尊三。据说当时湖南省从高等学堂的学生中选拔赴日留学生,黄尊三当选,他没多考虑便踏上了赴日留学之路①。1901年新政实行后,清政府颁布了奖励留学的诏书,各省便热衷于向日本派遣留学官费生。这些官费生名义上是"国家近代化型",但是很多人像黄尊三这样,在留学伊始对未来并没有明确的计划。据《游学日记》(「遊学日記」)的作者老Y说,一些学生的学费来自父母,他们归国后,即使不能立即走上仕途,但拥有留洋经历在乡下还是具有相当的影响力,其父母会对周围人炫耀自己孩子的成功,但实际上不少留学生回乡后整天无所事事。他们打着"出人头地"的幌子,实际上却在啃老。他们名义上是"清末志向做官型"和"民间上升志向型",因此他们的父母才会出资资助其留学,但留学生本人在留学时对未来并没有明确的计划。除此之外,也有部分留学生在留学期间明确了自己学成后的计划,如黄尊三在留学期间逐渐转化成了"国家近代化型"②。

"民间上升志向型"的出现,是因为当时社会上的"成功"已经不局限于官场,呈现出多元化,很多人在银行、商业、实业、媒体、铁

---

① 黄尊三著,実藤恵秀、佐藤三郎訳:『清国人日本留学日記:1905—1912年』,東方書店1986年版,第15—16頁。
② 黄尊三著,実藤恵秀、佐藤三郎訳:『清国人日本留学日記:1905—1912年』,東方書店1986年版,第87頁。

道、煤矿、通信行业大放异彩。留学生中也有一些人想从事以上行业,特别是"清末志向做官型""民间上升志向型"留学生,他们一般都想出人头地,而主动选择赴日留学。开办日华学堂的东京帝国大学(今东京大学)教授高楠顺次郎说出了他放弃从事清代留学生教育的原因:"他们认真学习,但他们并不像我们是为了国家而学习。当他们被问到'回国后干什么'时,他们说'我想能娶第二个、第三个老婆',听到这里我很失望。"[①]不过,他们的这种想法也在情理之中,所以"国家近代化型"和"享受市民生活型"留学生也完全有可能有这样的想法。

三、留学生界的基本情况

下面简单介绍当时产生以上4种留学生类型的社会背景,以加深对后文的理解。

在回顾近代的中日交流史时我们发现,明治时期的中国赴日留学生占据了举足轻重的地位。留日学生的人数仅占当时中国人口的极少一部分。即使在知识分子中,能去日本留学的也是极少数,但他们对当时社会的影响极为重大,连孙中山也说"辛亥革命最大的推动力量是在日华侨和留日学生"[②]。确实,留日学生中出现了大批影响中国近代化历史进程的人物,例如黄兴、胡汉民、秋瑾等革命志士,还有教育领域中的范源濂、陈宝泉、经亨颐等,文学领域中的鲁迅、周作人等。因此,在中国人赴日留学史研究中,以这些名人为研究对象的研究很多。

---

① 实藤惠秀:『中国留学生史談』,第一書房1981年版,第40頁。
② 段躍中:『現代中国人の日本留学』,明石書店2003年版,第19頁。

但需要注意的是,在当时的留学热潮中,像他们这样的留学生实际上很少,在赴日留学人数达到顶峰的1906年,大多数留学生并没有专心学习。用严安生的话来说,东洋游学等于新式科举的"镀银组"、游山玩水享乐主义的"视察组"[①],还有"不管将来怎样,眼下先去日本留学的体验组"。此外,还有父子留学、兄妹留学、全家留学、全族留学。留学人群也是下到小孩上到70岁老翁[②]。教授内容包含初级、中级程度的普通教育,还有高等教育、速成班等。据说,在大学里接受教育的留学生仅占留学生总人数的1%[③]。和现在高等教育机构中的留学生相比,当时日本大学里面向留学生的教育相对较容易,其首要目标是速成。

实际上,赴日留学在一定程度上起到了替代教育的作用。这里稍微提一下当时中国国内的教育概况,后面会再具体讲到。中国首次导入近代学校也就是"学堂"的概念是在鸦片战争后。洋务运动后,1862年京师同文馆成立。此后,学堂遍地开花。但是,学堂制度并未有大的发展,戊戌变法和义和团运动是其发展停滞的原因之一,而最大的原因是科举制度。要实施新式教育的"学堂"就意味着站在了旧式教育体系的代表——科举的对立面,这一状况阻碍了学堂的普及。最终,开明派官员仅在全国零星地设立了一些学堂。

---

① 厳安生:『日本留学精神史—近代中国知識人の軌跡—』,岩波書店1991年版,第302頁。
② 実藤恵秀:『増補 中国人日本留学史』,くろしお出版1970年版,第61頁。
③ 厳安生:『日本留学精神史—近代中国知識人の軌跡—』,岩波書店1991年版,第302頁。

序 章

　　义和团运动后的1904年1月13日,清政府颁布了《奏定学堂章程》,确立了包括初等教育到高等教育在内的21年制中国近代学校制度。学堂的数量看似增长了,特别是小学学堂普及开来的1908年,奉天省(今辽宁省)的学龄儿童的就学率为11%,但严格意义上的学堂就学率只有2%—3%[1]。学堂制度的发展并不一帆风顺,其教育方法依然受到传统科举教育的影响,能够开展新式教育的师资力量也很薄弱。鲁迅在《琐记》中写道:"一到毕业,却又有些爽然若失……爬上天空二十丈和钻下地面二十丈,结果还是一无所能,学问是'上穷碧落下黄泉,两处茫茫皆不见'了。所余的还只有一条路:到外国去。"[2]可见,学堂里的教育也不可靠,不能期待它能够有好的效果。因此,在中国教育近代化成功之前,"留学"起的是教育替代作用,留学国家的教育内容水准不高也在情理之中。

---

[1] 多仁安代:「清国学生の役割を再評価する」,『政治経済史学』2003年第448号,第7页。
[2] 鲁迅:《琐记》,《鲁迅全集》第2卷,人民文学出版社1981年版,第297页。

第一章

赴日留学生的产生
——13名留学生和1名替补留学生

日俄战争结束后的1906年,有1万—2万名中国留学生赴日,他们归国后为祖国的近代化贡献了很大的力量。那最早的中国赴日留学生是什么时候出现的呢？一般认为,1896年赴日的13名留学生是最早的赴日留学生,但这些留学生只是根据中日两国的外交协议而被派遣的官费留学生[1]。

现在已经有很多有关中国赴日留学生的研究[2],但即使是该领域的权威学者实藤惠秀也仅仅研究了冰山一角。据笔者的调查,有些研究连留学生的姓名、年龄都和史实有出入。究竟留学生是如何被派遣的？如何被接收的？当时的教育状况又是怎样的？可以说,有关最早的中国赴日留学生的研究极少,而这部分研究在中国赴日留学生史的相关研究中占有非常重要的地位。另外,在这部分留学生赴日留学前的19世纪80年代,驻日公使馆已经募集学

---

[1] 据细野浩二的「近代中国留日学生史の起点とその周辺」(『史滴』1991年第12号,第58頁),1888年3月5日进入中村敬宇的同人社学习的张文成是第一个赴日留学的中国学生。据严安生的『日本留学精神史—近代中国知識人の軌跡—』,1890年6月以驻日公使馆随行人员（目的在于培养口译人才）的身份赴日的段芝贵、李凤年等7人是第一批留日学生。

[2] 松本亀次郎:『中華留学生教育小史』,東亜書房1931年版;実藤惠秀:『中国人留学史稿』,日華学会1939年版;実藤惠秀:『増補 中国人日本留学史稿』,くろしお出版1970年版;二見剛史:「戦前日本における中国人留学生予備教育の成立と展開」,『国立教育研究所紀要』1978年第94号,第61—80頁;阿部洋:『中国の近代教育と明治日本』,福村出版1990年版。

生到日本学习了。但这些学生并不是在日本的学校里学习的,而是在公使馆内设立的东文学堂里学习的,这直接推动了后来向日本派遣留学生这一政策的实行。因此,我们在研究日本留学的产生时,必须要从东文学堂谈起。

综上所述,本章将以笔者搜集到的资料为基础,对东文学堂进行介绍,并对1896年留学生的派遣、接收过程及其意义进行分析。

第一节 驻日公使馆和东文学堂

近代中日两国真正开始交流是在1871年签署《中日修好条规》之后。6年后的1877年,以清政府驻日公使何如璋为首的使团赴日,清政府驻日公使馆(以下简称"驻日公使馆")设立在东京芝增上寺的月界院,主要负责管理和保护侨民。这里需要关注的是,驻日公使馆在甲午战争前便开始有组织地招募学生赴日学习。

当时清政府认为中日两国同文同种,所以并没有正式教授日语。1871年签署的《中日修好条规》第6条规定:"嗣后两国往来公文,中国用汉文,日本国用日本文,须附译汉文,或只用汉文,亦从其便。"[①]可见日方需用汉语和日语,而中方仅用汉语就可以了。为什么作为战胜国的日本同意了这一条文呢?唯一解释得通的理由是清政府一方没有精通日语的人才。当时的清政府对日本有偏见和误解,并没有真正研究日本文化的人。公使团来到日本后,认识到日语、日本文化与想象中的有很大差异,业务很难开展,在日本外务省的推荐下,他们雇用了唐通事锯鹿赫太郎为翻译。但是,在

---

① 竹内実编:『日中国交基本文献集』上卷,蒼蒼社1993年版。

第一章　赴日留学生的产生——13名留学生和1名替补留学生

重要的外交谈判中，中日双方主要还是使用笔谈的方式①，十分不便。鉴于此种情况，驻日公使馆急需培养精通日语、日本文化和日本概况的人才。于是参事官黄遵宪提议，驻日公使馆开办日语学校，让学生在日本迅速掌握日语、日本文化和日本概况。

何如璋公使立即与大久保利通进行了商议，对此计划大久保也十分赞同，于是中日双方开始着手实施此计划。中日计划分别培养20名谈判专业人才，并计划设立一所专门的培训学校②。该校为中日共同设立，并不是单纯的语言学校，而是为了使外交顺利进行，增进中日相互了解。遗憾的是，该计划因为琉球问题和大久保被暗杀事件而夭折。

驻日公使馆没有因此放弃，其于1882年在馆内设立了东文学堂。当然，该学堂的建立没有日方的参与，驻日公使馆单方面组织人员从中国募集学生，学生的身份为驻日公使馆学生。1882年壬午事变爆发，清政府派遣了几千人出兵朝鲜，1884年甲申政变后，中日两国因朝鲜问题在政治、军事上呈现出紧张局面。为了与日本进行外交谈判，也为了搜集、分析日方对朝鲜的政治、军事信息，清政府急需培养相关人才。因此，东文学堂的设立可以说是适逢其时。

东文学堂主要是为了培养与日本谈判的外交人才，因此刚开始主要教授日语。1885年5月13日的《东京日日新闻》对东文学堂进行了报道：

---

① 陳捷：『明治期日中学術交流の研究』，汲古書院2003年版，第129頁。
② 早稻田大学图书馆所藏记录文书27C9『沈黄之卷』中的「宮島誠一郎文書」，1877年。

闻驻日公使馆语言学校设英、德、法三国语学科,雇数名日本人教师。近日将有十数名语学生从华来日。①

从以上报道可以看出,学堂内除了教授日语,还教授英语、德语和法语,雇用了日本教师。虽然我们不知道其规模多大,但从近日有10余名学生入学可以推测,该学堂是严格意义上的学堂。

严安生在其著作中提到,东文学堂在教授学生语言的同时还对学生实施思想管制②。因此,这里的教育模式切断了留学生与外界的联系,仅让留学生在东文学堂和公使馆内学习和生活。至于为何如此,应该是吸取了1872年派遣30名12—16岁的学生赴美留学的教训。1872年赴美留学是清政府组织开展的第一次海外留学,这些学生到了美国后,会和寄宿家庭一起去教堂做礼拜。他们还因为害怕别人用异样的眼光看待自己或嘲笑自己,把辫子剪了,穿上洋装,也不学习汉文了③。这令清政府的保守派官员大怒。1875年,清政府叫停了赴美留学项目,并在1881年下达了让留学生回国的命令。为了防止此类事情再次发生,东文学堂采取了相应的管制措施。

---

① 『東京日日新聞』1885年5月13日。
② 厳安生:『日本留学精神史—近代中国知識人の軌跡—』,岩波書店1991年版,第10页。另外,严安生在书中还提到,1890年原本计划让段芝贵、李凤年等7人赴日本教育机构学习,但最后改为在驻日公使馆内设立东文学堂,让留学生在东文学堂学习。
③ 陳敏:「清末の中国人米国留学の派遣と撤退—李鴻章が果たした役割を中心として—」,『言語文化研究』2001年第4号,第194页。

第一章 赴日留学生的产生——13名留学生和1名替补留学生

东文学堂的学生是驻日公使馆从中国招募来的。但是,已有研究却不把这部分学生视为留学生。这可能是因为这些留学生没有在日本人办的学校学习。东文学堂的学制为3年[①]。1882—1894年间,共有12人从学堂毕业,其中一些学生的在籍时间超过了3年,也有学生未待满1年[②]。如果按照序章里有关"留学"的定义,这些学生并不是不能被视为留学生。关于谁是最早的清代赴日留学生学界主要有2种观点,一种是1896年派遣的留学生,另一种是细野浩二主张的1888年在中村正直的同人社留学的张文生等人[③],但东文学堂的开设比这些都要早。因此,有组织性地派遣留学生的起点或许要向前移。若如此,赴日留学起点的史实可能会被改写。但是,我们不知道这些学生是否与日本社会有接触,学堂里日本教师和中国教师的比例如何,学生学习了哪些科目,等等。因此,很难判断他们是否为真正的留学生。分析这些教育的实际状况是今后的研究课题。

东文学堂培养的人才具有很强的日语能力,他们作为日语翻译在外交谈判及驻日公使馆的公务中大显身手[④]。正如李若柏所指出的那样,中国近代日语教育是从培养中日两国外交谈判所需

[①] 細野浩二:「近代中国留日学生史の起点とその周辺」,『史滴』1991年第12号,第58頁。
[②] 閻立:「『朝貢体制』と『条約体制』のあいだ—清末中国人の日本語学習の開始—」,『大阪経大論集』2008年第6号,第108頁。
[③] 細野浩二:「近代中国留日学生史の起点とその周辺」,『史滴』1991年第12号,第58頁。
[④] 陳捷:『明治期日中学術交流の研究』,汲古書院2003年版,第130頁。

的口译而开始的①,这在日语教育史上也是引人注目的一大事件。另外,外交谈判并不是只需要懂得外语就行了。如果不能理解对方的文化、国情,可能会谈判失败,无法维护本国的权益。因此,东文学堂不仅仅教授学生语言知识,还给学生普及日本文化、日本概况,这一点值得肯定。

甲午战争后,在新上任的驻日公使裕庚的主导下,1896年日本迎来了首批中国留学生。甲午战争前,裕庚就已经知道驻日公使馆专程让学生到日本接受教育,提高了教学效果。正因为如此,为了得到更好的教学效果,他让学生直接进入日本人的学校学习。严安生把在裕庚主导下赴日的留学生称为真正意义上的留学生②。如此,东文学堂作为赴日留学的试验田,在中国人赴日留学史上留下了浓墨重彩的一笔。

第二节 所谓的1896年最早的留学生

1894年甲午战争爆发,公使馆和东文学堂关闭。翌年,战争结束,但裕庚公使并没有重开东文学堂,而是在1896年从中国招募学生,让其在日本人开办的教育机构中学习。这就是所谓的最早的留学生。这里之所以加上"所谓"是因为前面提到的东文学堂里的学生的信息并不全面,不能判断他们是否可以算作留学生。

---

① 李若柏:「中国における日本語教育の重要な課題—ハイレベルの日本語通訳人材の育成について—」,『広島大学留学生教育』2006年第10号,第72頁。

② 厳安生:『日本留学精神史—近代中国知識人の軌跡—』,岩波書店1991年版,第10頁。

第一章 赴日留学生的产生——13名留学生和1名替补留学生

已有研究对中日两国的留学生政策的论述很多,在这里就不赘述了。但是,我们还是需要看一下1896年的留学生的接收、派遣过程,这样才能明确我们过去忽略的东西。

1896年总理衙门上呈《奏派学生出洋片》,决定驻英国、法国、德国、俄国4国使馆"各派4名学生,分往学习语言文字、算法,以3年为期,责成出使大臣,严为稽核,如不堪造就,即行咨回"[1]。也就是说,使馆奏请让学生赴欧洲留学,但清政府并不直接出钱,而是让各个使馆承担费用,由此可见清政府对派遣海外留学并非全力支持,而是持消极态度。

在本次留学前,总理各国事务衙门的奏请中说:"出使大臣裕庚奏请重新设立东文学堂。"[2]可见当时裕庚试图在东京重开东文学堂。虽然这一奏请得以通过,但裕庚并未选择在驻日公使馆内开课,而是把留学生的教育托付给了日本的教育机构。对这样的安排,细野浩二认为是事半功倍的[3],即仅花费一半的劳力便获得一倍的成果。裕庚设定驻日公使馆职员的录取条件为能力超群,这就意味着必须培养精通日语、日本文化、日本概况的人才。甲午战争前,东文学堂的教育尽管取得了一些成果,但是花费时间过长。此外,仅在驻日公使馆内进行教育也有局限性。因此,裕庚认为不如把留学生的教育交给日本的教育机构,这样既能够节约时

---

[1] 細野浩二:「近代中国留日学生史の起点とその周辺」,『史滴』1991年第12号,第62—63頁。
[2] 細野浩二:「近代中国留日学生史の起点とその周辺」,『史滴』1991年第12号,第62—63頁。
[3] 細野浩二:「近代中国留日学生史の起点とその周辺」,『史滴』1991年第12号,第62—63頁。

间,又能提高教学效果。

1896年,裕庚派吕贤竿理事官前往上海、苏州一带招收学生。其后在总理衙门举行了选拔考试①。日本外务省外交史料馆馆藏资料显示,同年5月25日,驻日公使裕庚把10名留学生的教育委托给了日本外务大臣陆奥宗光②。陆奥外务大臣就此事询问了文部大臣西园寺公望。但是西园寺回答,由于这些留学生的日语能力水平有限,他们不能在官立学校接受教育③。尽管如此,同年6月16日,裕庚还是将13名留学生的教育委托给了文部大臣兼外务大臣的西园寺④。同年清政府决定向欧美国家各派遣3名留学生。这和前一年总理衙门向俄国、英国、法国、德国和美国各派遣3名留学生的安排一样⑤。与此同时,裕庚也决定向日本派遣留学生,且学生已经选拔完毕。因此,已经箭在弦上,不可能不发了。

这些留学生的身份为使馆学生,表明他们的留学并不是清政府支持的,而是使馆支持的。此后,清政府虽然也开始奖励日本留学,但对日本留学起到先锋作用的还是驻日公使馆。

---

① 細野浩二:「近代中国留日学生史の起点とその周辺」,『史滴』1991年第12号,第55頁。
② 外務省外交史料館蔵:『在本邦清国留学生関係雑纂 陸軍学生海軍学生外之部』。
③ 外務省外交史料館蔵:『在本邦清国留学生関係雑纂 陸軍学生海軍学生外之部』。
④ 外務省外交史料館蔵:『在本邦清国留学生関係雑纂 陸軍学生海軍学生外之部』。
⑤ 瞿立鶴:《清末留学教育》,三民书局1973年版,第116页。

第一章 赴日留学生的产生——13名留学生和1名替补留学生

第三节 中日两国无战略性的留学生政策

接到裕庚的留学生教育委托的西园寺,找到东京高等师范学校的校长嘉纳治五郎商量。嘉纳治五郎回忆了当时西园寺的话:

> 驻日公使馆有使馆学生,在公使馆内接受教育,现将其托付于日本稳妥之人,可否接受?[1]

让留学生在日本教育机构里学习的目的是什么呢?外务省外交史料馆馆藏记录给了我们答案。据说,裕庚的想法是借此让留学生掌握日语[2]。一般而言,清政府认为日本之所以在甲午战争中取得胜利,是因为立宪制度和国民教育的普及,于是为了重建国家,学习实用的西洋学问,开始了日本留学计划。但是像这样有组织性的早期中国留日学生的留学目的仅仅是培养日语专家,也就是培养专门的口译人才。可以看出,此时的日本留学缺乏国家层面上的战略性考虑。

那么,就西园寺公望提出的接收中国留学生问题,嘉纳治五郎是如何考虑的呢?嘉纳治五郎当时是这样回答的:

> 开始吾无办法,因公务繁忙,不能直接顾之。故答可

---

[1] 嘉納治五郎、落合寅平:「柔道家としての嘉納治五郎(十)」,『作興』1927年第10号,第29页。
[2] 外務省外交史料館藏:『在本邦清国留学生関係雑纂 陸軍学生海軍学生外之部』。

否另选其人直接照顾,吾从旁间接指导监督？公然之。
遂于三崎町设塾舍,自此接受中国学生教育。[①]

当时日本的社会风潮为脱亚入欧,热衷于向西方派遣留学生,根本没有想到自己会是接收留学生的一方,因此可以推断日方在开始时对此比较为难。

虽然嘉纳治五郎后来认为日本与中国的关系是"辅车唇齿",日中关系对东亚的和平非常重要[②],因而对中国留日学生的教育非常重视,但在最初接收留学生时,嘉纳治五郎并没有这样的想法。另外,日本政府以留学生的日语水平差而拒绝在官立学校开展留学生教育,从这点可以看出其并没有发现留学生教育的意义。因此,可以说当时中日两国的留学政策均无战略性考虑。

第四节 留学生接收体制和留学生的反应

嘉纳治五郎并没有在自己做校长的东京高等师范学校里开展留学生教育,而是把留学生安置在私塾规模大小的地方(以下统称"嘉纳治五郎私塾")。因为事出突然,所以在接收体制并不成熟的情况下,留学生教育开始了。

最终被选拔的13名留学生分别是唐宝锷(19岁)、朱忠光(22

---

① 嘉納治五郎、落合寅平:「柔道家としての嘉納治五郎(十)」,『作興』1927年第10号,第29页。
② 选自讲道馆收藏的宏文学院相关记录文书里嘉纳寄给杨枢公使的信件。该信件中没有写明具体日期,笔者推测是在杨枢公使到任后的1903年以后寄的。

第一章　赴日留学生的产生——13名留学生和1名替补留学生

岁)、胡宗瀛(20岁)、戢翼翚(19岁)、吕烈辉(18岁)、王作哲(19岁)、冯訚谟(20岁)、金维新(18岁)、刘麟(18岁)、韩寿南(23岁)、李宗澄(18岁)、瞿世瑛(18岁)、赵同颉(19岁)[①]。从年龄来看，13人中有5人是18岁，占比最大。有研究认为13人中没有瞿世瑛这个人，而应该是吕烈煌。但是，据裕庚交给西园寺的文书，瞿世瑛确实在最早留日的学生名单里[②]。

这13名留学生于1896年6月30日进入位于东京神田三崎町一丁目二番地的学校兼宿舍的嘉纳治五郎私塾学习。同年10月，韩寿南、王作哲、赵同颉、李宗澄4人放弃留学，准备回国，原因是"罹患疾病或遭遇事故不得不中途回国"[③]。但是，唐宝锷认为真实的理由第一是受不了日本小孩叫他们"猪尾奴"，第二是吃不惯日本的食物[④]。日本小孩之所以嘲笑他们源于对留学生辫发的好奇，还有甲午战争胜利后产生的优越感。这些在国内本是天之骄子的

[①] 外務省外交史料館藏：『在本邦清国留学生関係雑纂　陸軍学生海軍学生外之部』。
[②] 松本龟次郎只列出了唐宝锷、朱忠光、戢翼翚3个人，并没有列出所有留学生的名字(松本亀次郎：『中華留学生教育小史』，東亜書房1931年版，第8頁)。实藤惠秀认为有唐宝锷、朱忠光、胡宗瀛、戢翼翚、吕烈煌、吕烈辉、冯訚谟、金维新、刘麟、韩寿南、李清澄、王某、赵某(実藤惠秀：『増補　中国人日本留学史』，くろしお出版1970年版，第15頁)。实藤惠秀没有把瞿世瑛列为留学生。除此之外，实藤惠秀的名单还有很多错误。他把李宗澄错写成李清澄，没有写明王某和赵某的全名，还把年龄错写成18岁到32岁。老松信一(1978)、细野浩二(1991)的研究同样如此。
[③] 外務省外交史料館藏：『在本邦清国留学生関係雑纂　陸軍学生海軍学生外之部』；講道館藏：「弘文学院関係記録文書」。
[④] 実藤惠秀：『近代日支文化論』，大東出版社1941年版，第185頁。另外，该书也是根据实藤惠秀对唐宝锷访谈的结果整理而成的。

留学生自然就受不了。

　　第一个理由是受不了日本小孩叫他们"猪尾奴"。对留学生来说，辫发成了他们的障碍。留学生中有人因擅自剪掉了辫发而被留学生同胞嫌弃，甚至被监督官停发了留学费用并被强制遣送回国。一般而言，剪掉辫发就意味着脱离清朝。但是，在鲁迅的短篇小说《头发的故事》中，N先生提到自己剃发的原因是"我出去留学，便剪掉了辫子，这并没有别的奥妙，只为他不太便当罢了"①，可见也存在仅仅是因为不方便而剪掉辫发的人。另外，1910年朝廷内有人提出皇帝应该下达剪发令的意见，这引起了新闻界和资政院的广泛讨论。因此，剪掉辫发不能被认为是要推翻清政府统治的象征。关于这一点，笔者会再找机会详细叙述。

　　第二个理由是吃不惯日本的食物。这在后来发展成一个大问题。毕业于宏文学院的黄尊三（早稻田大学清国留学生部高等预科肄业，明治大学法学部毕业，回国后担任民国大学教务长）在日记中写道："夜膳时，人各一蛋一汤，饭亦仅一小碗，初吃甚觉不适。"②另外，当时宏文学院的教师三矢重松在日记中也写道，留学生都不吃早饭③。在日华学堂甚至还爆发了解雇厨师运动，可见留学生真的不喜欢日本食物④。后来，在神田一带陆陆续续出现了很

---

① 巌安生：『日本留学精神史—近代中国知識人の軌跡—』，岩波書店1991年版，第128—129頁。中文译文引自鲁迅：《鲁迅全集1》，人民文学出版社1958年版，第48頁。（译者注）
② 黄尊三著，实藤惠秀、佐藤三郎訳：『清国人日本留学日記：1905—1912年』，東方書店1986年版，第29頁。
③ 講道館監修：『嘉納治五郎大系』第11巻，本の友社1988年版，第172頁。
④ 実藤惠秀：『中国留学生史談』，第一書房1981年版，第95頁。

第一章　赴日留学生的产生——13名留学生和1名替补留学生

多中餐馆,这应该和中国留学生的需求有关。

有关中餐馆的介绍后文会详细论述,这里捎带提一下。位于东京神田的餐馆汉阳楼第三任老板说:"当时店里的菜单都是中华盖饭、炒荞麦面、猪肉荞麦面等日式菜肴,但仅从名称上听起来是日式菜肴,例如虽然叫中华盖饭,实际上盖在米饭上面的菜是动物内脏,不合日本人的口味。"①此外,1899年在神田开业、被誉为当地最古老的中餐馆维新号第三任老板郑东静的弟弟郑东耀也证实,自家的餐馆"最早是为了留学生开的"②。可见,很多中餐馆以留学生为目标群体。

对于在东京不断涌现的中餐馆,日本人是什么想法呢?维新号保存着当时某位常客的手记。手记显示,那位常客的祖父从明治时期开始一直在该店用餐③。当时该店的菜肴还不合日本人的口味,尽管来吃的日本人只占少数,但也是日本人吃中餐的佐证。大正末期,维新号创始人郑余生在日本女子大学开设了中式家常

---

① 周恩来著,矢吹晋編,鈴木博訳:『十九歳の東京日記』,小学館1999年版,第39—40頁。
② 2004年12月1日笔者对郑东耀进行了访谈调查,他的祖父郑余生从绍兴来到日本,于1899年在神田开了一家面向中国留学生的中餐馆,店名是受到当时住在神田附近的中国留学生的启发而命名的,这些留学生希望在学习日本明治维新的经验后回国建设自己的祖国。从第二任老板也就是他的父亲郑勇昌开始,餐馆被打造成高级中餐馆,接待过中日的高级官员和企业领导。维新号现在在银座、赤坂等地共有4家门店。
③ 根据维新号的记录。

菜烹饪班,把中餐带到了日本上流阶层的餐桌上[①]。郑余生根据日本人的口味对中餐进行了调整,于是日本本土化的中餐诞生了。这无疑影响了后来日本的饮食文化。笔者认为,如果没有中国学生到日本留学,那么中餐也不会在日本普及得这么早。

歧视和吃饭后来成为困扰众多留学生的大问题,值得注意的是这个问题在此时就已经显现出来了。

1896年10月,为了补上4名中途放弃留学的学生的空缺,裕庚委托外务大臣大隈重信接收黄滌清(23岁)、吕烈煌(16岁)2名学生入学,日方应允[②]。但黄滌清因病未能成行,仅吕烈煌一人前往嘉纳治五郎私塾学习[③]。这里的吕烈煌是第一批留学生吕烈辉的弟弟。

一般而言,上面提到的第一批13名留学生被称为最早的留日学生,但是笔者认为应该把后来递补入学的吕烈煌也算进来。因此,本书将最早有组织性地派遣的留学生人数定为14人,包括13名留学生和后来候补上来的1名留学生。

第五节 留学生的思想变化和留学效果

1899年6月,为期3年的留学生活结束了。宏文学院的教育

[①] 据《家庭周报》第750号(1924年6月24日)的附录,中式家常菜烹饪班是为了制作招待客人的菜而举办的研修班,课程内容是教授如何烹饪日本菜、西餐和中餐。维新号创始人郑余生于1924年7月20日和22日带领10余名助手进行了授课。

[②] 外務省外交史料館蔵:『在本邦清国留学生関係雑纂 陸軍学生海軍学生外之部』。

[③] 外務省外交史料館蔵:『在本邦清国留学生関係雑纂 陸軍学生海軍学生外之部』。

第一章 赴日留学生的产生——13名留学生和1名替补留学生

实况后面会详细讲到,但如果不检验这一批留学生的学习效果,我们就无法得知创建宏文学院的原因。

遗憾的是,不是所有学生都顺利毕业了。虽然没有找到正式记录毕业生人数的史料,但《国士》第21号记载了有6名毕业生[①],而实藤惠秀认为有7名[②]。据说实藤惠秀是1929年直接从唐宝锷那里听说的。笔者猜想可能是递补上来的留学生吕烈煌并没有和其他6名留学生一起毕业。对此虽然还有研究空间,但本书权且把毕业生人数当作7名。毕业生名单及其毕业后的去向如下[③]:

唐宝锷:以第一名毕业,任驻日本长崎领事馆代理副领事。1901年,调任驻东京公使馆馆员兼任宏文学院讲师,同时在东京早稻田专科学校邦交行政科学习国际法,毕业后升入早稻田大学政治经济部学习。1905年毕业后回国,中科举进士。爱新觉罗·载泽任出洋政治考察大臣访日时,作为随行人员受到明治天皇接见并被授予五等勋爵。1901年起草《陆军刑法》,在北京、天津开设法律事务所,并担任全国律师协会(公会)代表大会会长。

朱忠光:任四川省候补道台,后任奉天铁岭交涉员。

胡宗瀛:升入东京专科学校,中科举进士。在伪满财政部任职,担任伪满矿山公司理事。

---

① 「清国留学生卒業式」,『国士』1990年第21号,第71頁。
② 実藤惠秀:『近代日支文化論』,大東出版社1941年版,第187頁。
③ 参考実藤惠秀:『近代日支文化論』,大東出版社1941年版,第187頁;黄尊三著,実藤惠秀、佐藤三郎訳:『清国人日本留学日記:1905—1912年』,東方書店1986年版,第13—20頁;講道館監修:『嘉納治五郎大系』第11巻,本の友社1988年版,第161—162頁;阿部洋:『中国の近代教育と明治日本』,福村出版1990年版,第58頁。

戢翼翬：升入东京专科学校，中科举进士。1900年，与唐宝锷共同编写日语教材《东语正规》，成立日本书籍翻译出版社，与下田歌子在上海成立留洋学生编辑所。同年，参加维新领袖唐才常发起的起义。1908年，慈禧太后废光绪帝之时，欲召集新闻记者召开批判发布会，被贬回湖北，担任湖北省官职。

吕烈煌：外务部口译官，后担任科长。

冯阎谟：北京师范学校的口译官，后担任陆军学校口译助教、主事。

吕烈辉：高等法官、学校教员。

另外，不同史料中上述人员的毕业后去向有所出入。日本外务省政务局编撰的《清国时报》第6号记载，胡宗瀛升入东京农学校，戢翼翬升入早稻田大学法学科[①]。

清政府派遣留学生的初衷是培养日语专家，但并非全部留学生都担任了相关职务，其中4名毕业生的去向与日语有关。特别是唐宝锷和戢翼翬编撰了具有划时代意义的日语教科书《东语正规》[②]，唐宝锷随后在宏文学院任职，对留学生的日语教育做出了很大贡献。

从以上记载可见，绝大多数留学生身居高位，唐宝锷、胡宗瀛

[①] 外務省政務局編纂：『清国時報』1905年第6号，第32页。
[②] 外務省政務局編纂：『清国時報』1905年第6号，第39—40页。以往的日语教科书是用中文来编写的。虽然《东语正规》中有很多错误，但是该教材是从日语的发音开始讲起的，包括变体假名、助词，这意味着日语教科书从翻译型教科书转变为重视留学生误用较多的日语助词和日语发音等的教科书。

第一章 赴日留学生的产生——13名留学生和1名替补留学生

和戢翼翚进士及第,他们为什么能在以死记硬背为主的科举考试中进士及第呢？这和科举制度的改革相关。为了建立近代产业,必须要全面废除以科举考试来选拔官员的老旧方式。1901年,科举考试进行了改革,废除了"八股文"。1903年,清政府举行了改革后的第一次科举考试。首场考查中国政治史,第二场考查时务策,包含各国政治、地理、典工、算法,第三场仍考查"四书五经"[①]。另外,同年,张之洞拟定《鼓励游学章程》,次年清政府出台《考验出洋毕业生章程》,制定了选拔规则,举行了面向回国留学生的选拔考试,综合考虑通过考试者的留学时间和学习水平,授予其进士、举人称号,授予其官职。该选拔考试于1905年启动,考试分为留学国家的语言文章考试和专业课考试(从政治宪法、哲学、经济学、法学、商学、农学、蚕学、医学、口腔科、机器、科学、电学、制糖等13门类中选择)[②]。后面会具体讲到,嘉纳治五郎在教授最早一批留学生时,不仅教授日语,还教授其他课程(实行普通教育)。唐宝锷、胡宗瀛和戢翼翚于1905年中进士,从嘉纳治五郎私塾毕业后,升入日本的高等教育机构。也就是说,只要在日本认真学习就极有可能中进士。反过来想,如果嘉纳治五郎没有实行普通教育而仅教授日语,那这3名学生升入日本高等教育机构、通过选拔考试的概率就会大大降低。

1899年10月12日,嘉纳治五郎获赐光绪帝赠予的二等第三双龙宝星勋章,并准许佩戴。这是清政府对嘉纳治五郎取得的留

[①] 中村哲夫:「科挙体制の崩壊」,『講座中国近現代史』第3巻,東京大学出版会1978年版,第134—135頁。

[②] 外務省政務局編纂:『清国時報』1906年第22号,第74頁。

学生教育功绩的高度认可①。为了提高行政、教育等从业人员的素质，1902年中国各省频繁委托嘉纳治五郎开展速成教育。这里派遣的目的就不仅局限于培养口语人才了，而是培养各方面人才。毫无疑问，之所以会有这样的发展，肯定是最早留日学生教育的成功。嘉纳治五郎在他们的毕业典礼上这样说道："诸位短时间内获得优良成绩，且品行优良，固守学生本分……吾甚是满意。"②嘉纳治五郎在称赞留学生表现的同时，高度赞扬了他们取得的成绩。

那么留学生本人是如何认为的呢？戢翼翚作为毕业生代表进行了以下发言：

> 闻先生正大之道理，我等如醍醐灌顶，思想与3年前入学时相比较，不可同日而语。先生之教育使我等为之兴奋……如果以先生之德行来改革弊政，定能将我国创造成新世界，能够与其他文明诸国并肩齐驱，立于不败之地。以谢先生之教育。③

从以上话语中可看出，留学生通过在日本受到的教育，给他们自身带来了思想上的觉醒。他们深切地感受到了祖国需要变革的必要性，后来的留学生也继承了他们的这一抱负。由此可见，对于本次日本留学，清政府、接收机构和留学生三者都非常满意。

《中日修好条规》规定设置驻日公使馆派遣公使，但由于对日

---

① 講道館監修：『嘉納治五郎大系』第13卷，本の友社1989年版，第44頁。
② 「清国留学生卒業式」，『国士』1990年第21号，第71頁。
③ 「清国留学生卒業式」，『国士』1990年第21号，第72頁。

第一章 赴日留学生的产生——13名留学生和1名替补留学生

语、日本概况一无所知而无法进行外交谈判,所以培养人才成为当务之急。这里的人才培养并不是在中国,而是在驻日公使馆内进行。原本双方计划不仅要培养语言人才,而且要培养能够促进中日两国相互理解交流的人才,但因为琉球问题和大久保被暗杀的事件而被搁置。

其后,驻日公使馆在馆内开设了东文学堂,从中国招募学生赴日接受教育。其结果为,这些留学生掌握了很好的日语能力,不仅可以不依赖日语翻译进行沟通,还活跃在外交等领域。他们的教育成果得到认可,虽然是在驻日公使馆内接受的教育,但也算是在国外,因而备受关注,甚至对后来1896年有组织性的赴日留学起到了推动作用。可见,东文学堂带有试验田性质,笔者认为其为中国赴日留学史画上了浓墨重彩的一笔。

所谓的首批留学生并非清政府主导派遣的,而是驻日公使馆主导的。正因为是驻日公使馆,所以才强烈意识到了培养留学人才的重要性,这是值得我们注意的。另外,现在我们一般说清政府是为了国家近代化、学习西方学问才开始派遣留学生赴日学习的,但最初其派遣目的仅仅是培养日语专家,即日语口译。

作为接收方的日本,当时在"富国强兵""脱亚入欧"的口号下热衷向欧美派遣留学生,并没有意识到接收留学生的重要性。即便如此,嘉纳治五郎并没有拒绝负责留学生教育的请求,在各方面接收体制不完备的情况下仍接收了中国留学生。虽说被派遣的留学生并没有全都毕业,但清政府、日方接收机构,还有留学生自身对留学的成果都很满意。而且,留学带给留学生思想上的变化,他们毕业后也活跃在中国国内的各个行业,这些都加速了其后鼓吹赴日留学的风潮,第一批日本留学生的留学计划可以说大获成功。

虽说是作为国策实行的留学生教育,但嘉纳治五郎最初并没有意识到留学生教育的意义。他对唐宝锷等毕业生说:"你们绝不能满足于现在的水平,望你们日后继续精进,用修得的日语研究其他学问,获得新知识。现在正是东亚多事之秋,望你们保重身体为国家之未来,也为了东亚的和平和昌盛而努力奋斗。"①这也是后来嘉纳治五郎的留学生教育思想的雏形,即为了维护清政府统治,发展日中关系,维护东亚和平,这在日本国内外均产生了巨大的影响。我们可以明显看出,嘉纳治五郎的思想发生了变化。也就是说,无论是留学生还是嘉纳治五郎,都因为教育交流而产生了思想上的变化。正因为如此,嘉纳治五郎才决定创办留学生教育机构——宏文学院。

清政府同样认可赴日留学对重建国家的重要作用,因此1902年以后清政府把日本作为主要的留学目的地,国内掀起了留学日本的热潮。另外,随着留学生人数的增加,日方也相继成立了很多接收机构。能有如此局面,驻日公使馆、1896年的第一批中国留学生和嘉纳治五郎都发挥了举足轻重的作用。

---

① 「清国留学生卒業式」,『国士』1990年第21号,第71頁。

第二章

正式的留学生教育
——宏文学院的设立

嘉纳治五郎实行的首次留学生教育得到了清政府很高的评价。以此为契机,清政府开始鼓励留学日本,留学生人数急剧增多。与此同时,日本国内不断出现新的留学生教育机构。

当时留学生教育机构的先锋和中心是嘉纳治五郎创办的宏文学院。已有研究主要以留学热潮到来前的派遣政策的制定及政策的内容为研究对象。尽管明治时期的留学生教育史无前例,但几乎没有学者充分考察当时中国的教育状况与赴日留学之间的关系。因此,本章主要追溯宏文学院的创办过程,考察创办过程中实行了哪些教育,分析当时中国的教育状况与宏文学院之间的关系,论述赴日留学的特殊性。

第一节 留学政策与亦乐书院

1896年赴日的留学生虽然并没有全部顺利毕业,但也算获得了成功。之后,嘉纳治五郎继续实行留学生教育,但只在私塾内进行,他也没有给私塾命名。

1899年10月7日,嘉纳治五郎将私塾命名为"亦乐书院"。其由来是《论语》中的"有朋自远方来,不亦乐乎"[①]。同年12月10日发行的《国士》对此进行了报道:

---

① 金谷治訳注:『論語』,岩波書店1963年版,第19頁。

然今年10月又有4名留学生入院,加之去年两湖总督张之洞派遣之7名,目前共13名留学生。因此,将书院命名为亦乐书院。①

虽然是小规模,但从命名一事可以看出嘉纳治五郎决心正式实行留学生教育。

此次决定是以首批留学生教育的成功和开明派官僚张之洞派遣留学生为背景的。张之洞撰写的《劝学篇》,是在日销量达100万册的畅销书籍,因其鼓励赴日留学为大家所知。以此为契机,直隶省(包括现在的天津、河北、山西、陕西、内蒙古等地)的留学生派遣工作相继展开。从某种意义上来说,张之洞是发起日本留学号令的核心人物。他向亦乐书院派遣留学生时,清政府的留学政策才刚开始起步。

为何张之洞会派遣留学生并委托嘉纳治五郎实行留学生教育呢?想要解释清楚这个问题,必须考虑到当时清朝的情况。众所周知,一方面,由于2次鸦片战争,西方列强开始了对中国的瓜分;另一方面,由于太平天国运动,中国国内动荡不安,人们意识到了民族兴亡的危机。为了应对危机,以曾国藩、李鸿章和张之洞等为代表的开明派官僚开展了洋务运动,引入西方列强的军事技术和机械技术,并打算以此重建国家。

当时清政府认为通过洋务运动学习西方的近代技术就能实现

---

① 「亦楽書院の清国学生」,『国士』1899年第15号,第67頁。

第二章 正式的留学生教育——宏文学院的设立

富国强兵、振兴中华,然而甲午战争的战败暴露了近代化的方法论与政策的无用。同时,西方列强也加速了对中国的瓜分。

以此为契机发起的"变法自强"运动,不仅提倡引进技术,还要求改革政治、经济、社会、文化、教育等国家制度。此次运动的中心人物为康有为、梁启超等。1898年6月11日,光绪皇帝颁布《定国是诏》,决心进行彻底的国家政策改革(戊戌变法)。其中尤其受到重视的是富国强兵政策与教育制度的改革。改革提出要向国外尤其是向日本派遣留学生。这是清政府提出留学生政策的开端。但由于慈禧太后等保守派发起的政变,运动只持续百日就失败了。推行戊戌变法的变法派,即康有为、梁启超等人逃亡日本。逃亡者中还有许多借此入学日本学校的人。这就是前面讲到的不能被划分为留学生的人。

之后,张之洞等洋务派官僚再次登场。他们有组织并系统地践行变法派的政策,尤其重视人才培养,废除科举制度,引进近代教育,推进留学生派遣,同时特别积极鼓励留学日本。与康有为、梁启超等变法派主张的立宪制、议会制、废除旧风俗不同,洋务派官僚始终以皇权专制为改革前提。当时代表性的主张便是"中学为体,西学为用(中体西用)",即精神文化、价值方面坚持传统的学问文化,在此基础上引入近代学问。张之洞十分担心改革会引起思想变化,反复强调思考学校之人,应思考其规则,尤其应关注其精神归依之处,如果不贯彻精神,规则也只是徒有虚名,如果以实学为宗旨,一切自由平等的邪说将会自然而然地消亡[①]。正式派遣

---

① 汪婉:『清末中国対日教育視察の研究』,汲古書院1998年版,第103頁。

大量留学生之前，张之洞派遣罗振玉前往日本收集并调查日本的教育情况与日本的教科书。调查报告中写道，明治二十三年（1899年）日本颁布的《帝国教育敕令》，以及日本的教科书，都以中国古代圣贤所推崇的伦理道德为基础，目的是加强和巩固民心。日本教育融合了儒家德目与近代思想，得到了张之洞很高的评价①。

当时的中国最需要的是近代化，为此必须实行近代化的人才培养教育，但同时不能忽视传统的儒学精神。日本一直能够在改革与创新、传统思想与现代思想之间找到平衡点。明治时期以天皇为中心的国民思想和国民教育并没有与制度的近代化、效率化相矛盾，而是相辅相成的，有时随着制度的现代化和效率化的推进变得更加强大和有效②。对清政府来说，通过教育实现一君万民的日本教育制度十分有魅力。此外，日本的教育制度还残留着以儒学为基础的品德教育。嘉纳治五郎在中国教育视察时，再三强调了留学教育中儒学的重要性，当然这也得到了以张之洞为首的清政府高层官员的认同。虽然笔者并不否定清政府通过日本向西方学习的做法，但对于清政府和日本留学教育相关者来说，这一点并不是最重要的。

早在张之洞的《劝学篇》之前，许多日本文武官吏就已经极力提倡留学日本。例如，陆军参谋本部的宇都宫太郎和福岛安正分别向张之洞和刘坤一提议到日本留学。文官的代表则为驻清公使矢野

---

① 蔭山雅博：「宏文学院における中国人留学生教育—清末期留日教育の一端—」，『日本の教育史学』1980年第23号，第59页。
② 寺崎昌男・編集委員会共編：『近代日本における知の配分と国民統合』，第一法規1993年版，第6页。

第二章 正式的留学生教育——宏文学院的设立

文雄。

根据外交史料馆收藏的《南支铁道关系杂纂》中矢野文雄寄给外务大臣西德次郎的公文可知,矢野文雄提议接收中国留学生的经费由日本负担[①]。当时中日两国正在对福建省割让问题与铁道设施问题进行交涉谈判,矢野文雄接收留学生也是为了使谈判朝着有利于自己的方向发展。矢野文雄在寄给西德次郎的《机密第四十号》中提道:

> 接受留学生教育,可助我国成功实现此次之要求。以受我国感化之新人才散布于古老国家,为我国势力植于东亚大陆之长计。[②]

这一提议除了使谈判顺利进行外还有管理中国的意图。之后,东亚同文书院等机构与清政府联合对抗欧美列强诸国的侵略,为了应对清政府面临的危机,提出了"保全中国"的倡议。矢野文雄早在这之前便开始通过与留学生之间的关系认识到这些。根据黄福庆的说法,暂且不论他们的提议背后有何种客观或无目的性的意图,主观上来看以中国与日本的睦邻合作为前提教育中国青年、培养人才的想法具有一定的诚意[③]。以嘉纳治五郎和松本龟次郎等教育家为代表,他们为辛亥革命时期的留学生提供回国费用。这些教

---

① 外務省外交史料館藏:『南支那鉄道関係雑纂』第1巻。
② 外務省外交史料館藏:『南支那鉄道関係雑纂』第1巻。
③ 黄福慶:「清末における留日学生派遣政策の成立とその展開」,『史学雑誌』1972年第7号,第39頁。

育家为了留学生教育而不惜自己出钱,这也验证了黄福庆的说法。

日本国内也出现了应该接收留学生的声音。最早宣扬接收留学生的是著名学者上田万年。1898年,他在《太阳》上发表了一篇题为《论清朝留学生》的文章,文中论述了为何留学生要来日本以及留学生教育的重要性等问题。上田万年认为应将留学生教育作为国家事业来看待①。次年,大岛圭介在以《对中国的古今情感变迁》为题的论文中论述道:"希我文武官相关之人,为其竭尽诚意教导,行衣食住之便,日夜诱掖,尽至恳友情,以报今昔所受师导恩义。而留学诸子也朝夕勤勉学习,忍耐异国之勤苦,成业后衣锦还乡,铭记两国相爱相敬之情,如手之左右、车之双轮,进而相辅相成。诚日夜翘首所盼也!"他主张为了报答从前从中国得来的恩惠而应该接收留学生②。

然而,日本上下并非都认为应将留学生教育作为国家事业。根据嘉纳治五郎的亲信横山健堂回忆,他们在访问陆军元老山县有朋时,山县说道:"不知贵君如何考虑从事留学生教育,陆军中福岛等人对此很热心,但我反对。"③他并没有赞同前述宇都宫太郎和福岛安正的行为,可见不是所有陆军都赞同接收留学生。此外,对于上述矢野文雄的行为,日本政府希望其止步于个人的想法,对其持反对态度④。可见,日本并非对接收留学生持积极的态度,试图

---

① 上田萬年:「清国の留学生に就きて」,『太陽』1898年第17号,第10—15頁。
② 大島圭介:「清国に対する古今感情の変遷」,『太陽』1899年第10号,第5頁。
③ 横山健堂:『嘉納先生傳』,講道館1941年版,第160頁。
④ 外務省外交史料館藏:『南支那鉄道関係雑纂』第1卷。

第二章　正式的留学生教育——宏文学院的设立

接收留学生的想法始终停留在个人意愿层面。

与日本政府相反,清政府表现出完全不同的态度。矢野文雄试图通过清政府来推动留学生教育,山东观察御史杨深秀早早表示赞同,并在1898年6月上奏了《请议游学日本章程片》。次年总署上陈《遴选生徒游学日本事宜片》并制定了章程。章程主要条目如下:

(1)选派臣衙门同文馆东文学生数人,并咨询行南北洋大臣,两广、湖广、闽浙各督抚,就现设学堂中,遴选年幼颖悟粗通东文诸生,开具衔名。咨报臣衙门,知照日本使臣,陆续派往。

(2)由出使日本大臣就近照料,无须另派监督。

(3)各生应支薪水用项,由臣衙门核定数目,提拨专款,交出使大臣随时支发。[1]

从中可看出,总署打算将学堂的学生作为派遣对象。这些学生都希望做官,这个时期的留学生大部分是"清末志向做官型"。此章程的对象仅限于官费留学生。虽然这并不是一个十分严谨的计划,但是可看出清政府正考虑将留学作为国家政策。

这一连串的动向是促使张之洞撰写《劝学篇》的原因之一。张之洞在《劝学篇》中提出了留学日本的4个优点:

---

[1] 黄福慶:「清末における留日学生派遣政策とその展開」,『史学雑誌』1972年第7号,第41頁。

至游学之国,西洋不如东洋。一、路近省费,可多遣。二、去华近,易考察。三、东文近于中文,易通晓。四、西学甚繁,凡西学不切要者东人已删节而酌改之。中、东情势风俗相近,易仿行,事半功倍,无过于此。①

这就是《劝学篇》中有名的口号——"同文、路近、费省、时短",能够快速、简单地修得学问。同文同种的想法使得人们认为日文与中文的差异很小,许多留学生被这一点吸引。中文和日文确实都用汉字作为表记,但两者明显是两种不同的语言,认为两者差异很小是一种很大的误解。这种误解给留学生的日语学习观带来了很大的影响,详情会在后文论述。偏激的日语学习观给他们的留学生活带来了许多负面影响。虽然清政府出台了战略性的留学生政策,但最关键的对日本的理解却是这种情况。此后,怀着对日本的误解蜂拥来到日本的中国留学生,就这样和日本社会开展了相互误解的文化交流。

就这样,张之洞委托嘉纳治五郎实行中国赴日留学生的教育。虽然张之洞等官僚对留学生教育机构的情况并不太了解,但是他们选择嘉纳治五郎作为委托人绝非偶然。张之洞知道首批留学生教育获得了成功,更知道嘉纳治五郎是日本教育界的权威。嘉纳治五郎虽然没有十分明确的留学生教育理念,但无法拒绝来自留学生政策中心人物张之洞的委托。以此为契机,嘉纳治五郎正式实行留学生教育。

---

① 実藤恵秀:『増補 中国人日本留学史』,くろしお出版1970年版,第41页。

第二章　正式的留学生教育——宏文学院的设立

然而,此时派遣方与接收方在准备上仍存在一定的差异。派遣方虽然准备并不充分但也算是制定了留学政策;而接收方还未完全做好接收留学生的心理准备,也没找到接收留学生的意义所在。

第二节　宏文学院的设立

1901年12月,嘉纳治五郎在牛込区西五轩町创办了"弘文学院"。最开始使用的不是"宏文"而是"弘文",后改名为"宏文学院"(为了方便叙述,除文献保留原文表达,其余统一写作"宏文学院")。嘉纳治五郎对学院创办之初的回忆如下:

> 时值新学生不断到来,当时外务大臣小村侯爵(当时称男爵)建议扩张塾舍成立学校,遂设立以教育中国留学生为宗旨的弘文学院。①

由于留学生人数的增加,建设能够容纳留学生的学校便成为首要任务,这是学院创办的直接原因。因为是外务大臣小村的建议,所以日本政府也多少有所参与。同年,日本制定了文部省第15号文件《文部省直辖学校外国人特别入学规定》。该规定表明,只有得到驻日公使及领事的委托和介绍的人才能进入文部省直辖学校。另外,宏文学院普通科毕业生可以免试进入文部省直辖学校,这是特别优惠政策。自此,日本政府终于开始支持留学生教育。

---

① 嘉納治五郎、落合寅平:「柔道家としての嘉納治五郎(十)」,『作興』1927年第10号,第29頁。

校舍是山崎武兵卫的所有地,他住在东京神田区猿乐町1番地,而校舍的具体位置是牛込区西五轩町34号(见图2-1),总占地

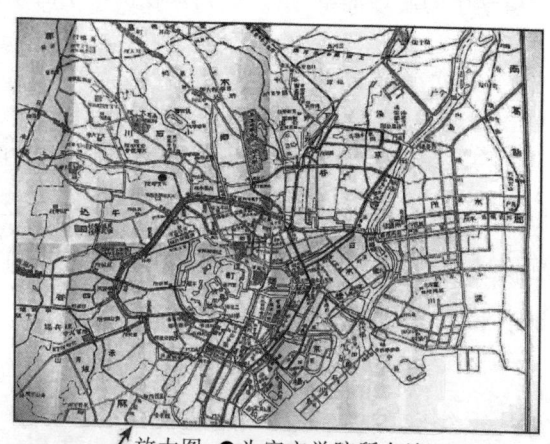

放大图,●为宏文学院所在地

图2-1 当时牛込区附近的地图①

---

① 宏文学院编纂:『日本語教科書』第1卷,金港堂書籍1906年版。

第二章 正式的留学生教育——宏文学院的设立

面积为9900平方米,木造瓦屋平房的建筑面积为404.25平方米,12栋建筑物占地2915.55平方米,有庭院、木石、铺路石、门、围墙、附带小建筑等,每月租金250日元①。山崎将这些房屋租给嘉纳治五郎,宏文学院由此诞生。学院在之后进行了扩建。1903年增设大塚分校,次年增设麴町分校、真岛分校、猿乐町分校和巢鸭分校。学院在1906年末迎来全盛期,学生多达1556人,教职员多达174人②。当时的宏文学院与法政大学中国留学生法政速成科都是规模数一数二的留学生教育机构。

从以上回忆中可以看出,当时的嘉纳治五郎还没有明确的留学生教育理念。在第一章中提到过嘉纳治五郎拥有战略性的留学生教育理念,此理念以"保全中国"和"辅车唇齿"为基础,旨在为中日关系和东亚和平做出贡献。而在宏文学院教育环境改善、教学设备扩张的阶段,嘉纳治五郎还没有产生相应的教育理念。从嘉纳治五郎所处的社会地位来看,将自己的想法公之于众的机会应该很多。1902年5月10日,嘉纳治五郎首次在《国士》上向公众阐述了自己的留学生教育理念③。1902年是学院创办的第二年。也

---

① 老松信一:「嘉納治五郎と中国人留学生教育」,『講道館柔道科学研究会紀要』1978年第Ⅴ輯,第85頁。
② 講道館藏:「宏文学院関係史料」。
③ 文中有如下表述:"若欧美诸强国相争瓜分清朝,我国与清朝为唇齿辅车关系,必受其大祸害。故保全清朝之发达,不仅为清朝本身,亦能免我国受卷入争端之不幸。使远离欧美诸强国之冲突,清朝须保全防御发达,我国须助之。我日本国无疑最适任。……予因有此之思考,故起宏文学院之学校,给从清朝来求学问之学生以方便。"(嘉納治五郎:「清国」,『国士』1902年第44号,第2—5頁。)

63

就是说,自1896年以来,嘉纳治五郎花费了6年时间,通过和中国留学生的交流构建了留学生教育理念。以往的研究都忽视了这一点,让人误以为嘉纳治五郎一开始就有了战略性的政策和教育理念。而中国学生留日史的研究必须立足于这一点。

第三节　宏文学院的教育目的

一、教育目的与中国教育状况的关系

嘉纳治五郎在创办宏文学院时是如何进行教育的呢?关于当时教育的实际状况将在下一章讨论,本章主要论述宏文学院的教育理念与中国的教育状况之间的关系。宏文学院的教育目的如下:

> 第1条　宏文学院本为中国学生教授日语及普通教育而设以期培养成才,本学院日后亦会添设课程,或为中国学生教授专门学科,或为日本学生教授汉语。①

宏文学院的教育目的重视日语教育与普通教育,同时还提出了专业教育和面向日本学生的汉语教育。从两者之间的教育文化交流上来看,这一目的具有很大的意义,值得关注。由于史料的不足,尚不明确是否面向日本学生开展了汉语教育。

宏文学院的日语教育十分完备,奠定了现代日语教育的基础,对此后文会详细论述。留学首先必须解决语言问题,因此日语教

---

① 講道館蔵:『弘文学院章程要覽』;老松信一:「嘉納治五郎と中国人留学生教育」,『講道館柔道科学研究会紀要』1978年第Ⅴ輯,第86页。

第二章 正式的留学生教育——宏文学院的设立

育不可欠缺并受到重视。

普通教育是明治时期留学生教育的特色,嘉纳治五郎对普通教育的看法可以总结如下:

> 第一,修读普通学是为了均衡发展精神之各方面。
> 第二,修读普通学是为了让国民修习必须通晓之知识。
> 第三,普通学的修养如同地基,其后构筑专门学问技艺,如一切建设其地基牢固是最大必要条件一样,对从事普通之上学问艺术至关重要。①

也就是说,普通教育是基础中的基础,不仅在精神层面上如此,而且若不接受普通教育,就无法进一步发展专业学问。

面向留学生的普通教育内容相当于中等学校水平,也就是"数学""地理历史""科学教育"等。然而,留学生中还存在连初等教育水平也没有达到的学生。黄尊三于1905年入学,根据他的日记,在入学式上嘉纳治五郎说道:"中国学生缺乏普通教育,若不加以补习,则无法修得高等专业学问。"②事实上,后来还出现了因为在中国没修读完普通学,所以基础能力非常差,最后在日本受挫回国的学生③。主张近代化的张之洞在湖北省创办了经

---

① 講道館監修:『嘉納治五郎大系』第7卷,本の友社1988年版,第157頁。
② 黄尊三著,実藤恵秀、佐藤三郎訳:『清国人日本留学日記:1905—1912年』,東方書店1986年版,第31頁。
③ 沈殿成主编:《中国人留学日本百年史》上册,辽宁教育出版社1997年版,第181—182页。

心书院。经心书院的课程科目以"中学为体,西学为用"为主旨,将"经解(关于《春秋》《左传》《周礼》等经典的解释)""史论(关于《史记》等的论述)""诗赋(古典诗赋)"作为研究课题,设置"外政""天文""格致(物理、化学等自然科学的总称)""制造"科目,将"数学"作为必修学科[①]。1899年经心书院对课程进行了修订,将课程整合为"四书大义""中国内政""兵法""天文""地理""数学""经史"[②]。虽然清政府引进了近代教育的基础——普通学,但课程仍以传统科目为中心。

笔者已经反复提及,鉴于当时的中国教育情况,清政府急需培养近代化所需的人才,于是出现了在学校教育中普及"学堂"制度的新尝试。"学堂"的形式参考了西方的教育模式。之所以命名为"学堂",是为了区分以科举制度为核心的"学校"。早在1866年,中国就创办了福建船政学堂。之后,上海机器学堂、天津水师学堂、天津与湖北的两所武备学堂等相继建立。第一次鸦片战争后,清政府在与列强诸国的战争中屡次战败。在曾国藩、李鸿章、张之洞等发起的洋务运动背景下,清政府加速了"西文(外语)""西艺(军事、机械技术)"等教育制度的实施。甲午战争后,在康有为和梁启超主导的戊戌变法的推动下,"西政(近代思想、法体

---

① 邵艷、船寄敏雄:「清朝末期における留日師範生の教育実態に関する研究—宏文学院と東京高等師範学校を中心に—」,『神戸大学発達科学部研究紀要』2003年第2号,第81頁。
② 邵艷、船寄敏雄:「清朝末期における留日師範生の教育実態に関する研究—宏文学院と東京高等師範学校を中心に—」,『神戸大学発達科学部研究紀要』2003年第2号,第81頁。

第二章　正式的留学生教育——宏文学院的设立

系、经济学)""西学(近代学术)"等教育制度加快实施。1896年创办京师大学堂的目的就是在专业性更高的教育研究机构里培养有能力的官僚。然而,"学堂"制度完全没有得到发展。戊戌变法与义和团事件的爆发使得清政府已无余力普及"学堂"制度。更重要的原因还有科举制度的影响。因为科举制度的束缚,新教育机构仅仅引进了西洋技术中的优点,学生就算毕业于"学堂"也无法实现出人头地。

义和团事件后,教育改革受到了强烈的关注。人们意识到通过科举选拔出来的人才已经不再符合时代的要求。甲午战争后,西方列强开始了对中国的疯狂瓜分,清政府陷入了前所未有的危机之中。

1902年,清政府任命张之洞等3人为管学大臣,其中派张百熙重整事实上已经关闭的京师大学堂。同年8月15日,清政府颁布了《钦定学堂章程》。《钦定学堂章程》由《京师大学堂章程》《大学堂考选入学章程》《高等学堂章程》《中学堂章程》《蒙学堂章程》构成。这些章程虽然是在模仿欧美和日本的做法,但标志着中国近代教育制度的成立。中国由此迎来了巨大的转折点。

《钦定学堂章程》由维新派汉人官员兼管学大臣张百熙拟定。但是,由于满蒙官员的不满和保守派的反对,从当时的政治情形来看,《钦定学堂章程》在现实中基本未被执行,事实上等同于被废止。于是在1904年1月13日,清政府以修订的名义颁布《奏定学堂章程》。《奏定学堂章程》在《钦定学堂章程》的基础上对学校制度进行了修改。此章程表面上由张百熙、荣庆(荣庆为正黄旗人出身)和洋务派官员张之洞共同拟定,但听说实际上起草此章程的只有张之洞一人[1]。

当时清政府虽然命令各省筹办学堂,但并没有什么实际的效果。此外,为了派遣为数不多的留学生去国外学习,各省还支付了巨大的费用。为了改善此状况,张之洞想出了短时间提高效果的方法,即派遣充分接受过基础教育的学生去留学。因此,首要任务是充实学堂,小、中学堂相对于大学堂来说相当于补习班。张之洞作为洋务派的官员,十分倡导"中体西用"的思想。恐怕张之洞并没有想过要充实国民教育,只是把培养少数精英作为第一要义。

对于清政府的这些行动,日本文部省普通学务局长泽柳政太郎在1905年3月的国家学会上做了题为《清朝的教育制度》的演讲,并做出了以下的评价[2]:

> 此学堂章程之内容,与日本现在之学制毫无差别……实在是大胆不客气地采用了与日本完全相同的做法。

正如泽柳政太郎所指出的,《奏定学堂章程》是以日本的学制为蓝本的。这与当时普遍流行的日本教育考察有关。例如,清政府特使视察官员刘学询在惊叹日本的发展时,也表示想窥探其中的方法:"与我国最近且相似的国家只有日本。以前的日本和我们一样贫穷落后,但日本花费30年时间走向了富强之路,现已与诸

---

[1] 阿部洋:『中国の近代教育と明治日本』,福村出版1990年版,第32页。
[2] 阿部洋:『中国の近代教育と明治日本』,福村出版1990年版,第33—35页。

第二章　正式的留学生教育——宏文学院的设立

列强齐首,日本到底采取了怎样的方法实现了富强呢?"[1]黄庆澄说道:"日本学习西方取得了很大的成果。"[2]戴鸿慈表示:"日本见习于泰西,急速富强,与诸大国抗衡而不让。日本奋力雄起,其变通与振兴乃神速也。"[3]他们都对短时间学习西方而得以发展的日本做出了很高的评价,主张应该向日本学习。后面还将提到,这种短期教育即速成教育后来成为推动日本留学的重要因素之一。

康有为提到,日本之所以能够实现快速富强是因为其创办了大量学校,完备的学制皆模仿欧美,仅由3个大岛屿构成的日本,其学校的数量是中国的11倍,不论男女皆入学,没有浪费一个人才,同时也不会丢弃自己的天赋,人们都能接受教育,为国效力[4]。从中我们可以看出,康有为认为应该普及教育,培养大量人才,促进改革,发挥教育的作用。因此,模仿日本的教育制度也是理所当然。

如前文所述,以前就算从"学堂"毕业也不一定能出人头地。只要科举还独占高位,新式学堂就得不到人们的支持。不管处于哪个时代,只要废除旧制度开始新制度,总会有抵抗势力。这里的抵抗势力不仅是旧派的高官和政治家,就连张之洞也认为科举制度只需要改善而不是废止。科举制度一直持续至1905年9月。即便如此,也必须想办法选拔新人才。于是清政府颁布了《学堂章程》和《学堂奖励章程》,规定官位录用规则。大学堂的毕业生,清

---

[1] 汪婉:『清末中国対日教育視察の研究』,汲古書院1998年版,第80頁。
[2] 汪婉:『清末中国対日教育視察の研究』,汲古書院1998年版,第41頁。
[3] 汪婉:『清末中国対日教育視察の研究』,汲古書院1998年版,第81頁。
[4] 汪婉:『清末中国対日教育視察の研究』,汲古書院1998年版,第62頁。

政府会根据毕业成绩确定其等级。成绩最优、优等、中等者被授予进士,分别被任命为翰林院编修或检讨、翰林院庶吉士和六部主事。成绩下等者虽会被授予进士,但需要在大学堂里再读1年进行第二次考试后才能任职。高等学堂的毕业生大多能被授予举人,进入大学堂。若有希望马上就职的人,遴选后可被授予官职。成绩最优者会被送往学务大臣那里参加复试,复试后会被任命为内阁中书或知州。成绩优秀者同样在参加学务大臣的复试后会被任命为中书科中书或知县。成绩中等者补录为部寺司务或通判。成绩下等者需要在学堂再修读1年,进行补习后参加补考,然后根据考试结果授予其相应职位。然而,实际上,京师大学堂设立的师范馆(速成班)等学堂对参加考试的人有资格要求,必须是举人或生员(经本省各级考试入府、州、县学者),预备科(艺科、政科)的毕业生也是授予举人头衔。由此可见,科举的束缚和传统教育系统的影响始终无法消除。

虽然学堂制度和官位选拔存在很多问题,但从图2-2中可以看出,学堂数量确实有所增长。从表2-1中可以看出,小学堂的数量最多。然而,1908年,在小学堂十分普及的奉天省(今辽宁省),学龄儿童的就学率也才11%。单看学堂就学率,严格来说仅有2%—3%[1]。据《奏请变通初等小学堂章程折》所述,"若经费花费多,则建校困难;若课程繁多,则确保师资不易"[2],由此可见经费和

---

[1] 多仁安代:「清国学生の役割を再評価する」,『政治経済史学』2003年第448号,政治経済史学会,第7頁。
[2] 阿部洋:『中国近代学校史研究—清末における近代学校制度の成立過程—』,福村出版1993年版,第21頁。

第二章 正式的留学生教育——宏文学院的设立

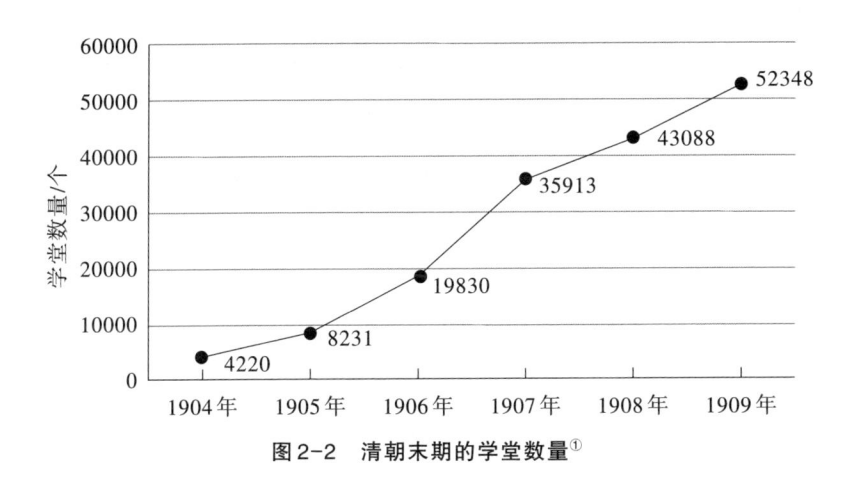

教员的不足是新教育难以普及的重要因素之一。

图2-2 清朝末期的学堂数量①

表2-1 1909年学校数量②

学堂种类	学堂数量/个	学生数量/人
小学	51678	1532746
中学	460	40468
大学与专科学校	111	20672
实业学堂	254	16649
师范	415	28671
合计	52918	1639206

那在中国,教育又是如何实行的呢？嘉纳治五郎在1902年7

---

① 笔者根据陈启天《近代中国教育史》(中国台北"中华书局"1969年版,第49页)制作而成。
② 笔者根据陈启天《近代中国教育史》(中国台北"中华书局"1969年版,第49页)制作而成。

月21日至10月16日到中国进行教育考察,后来他描述道:

> 学生们左右摇头,前后晃动身子,额上青筋凸起,不知所以然地大声诵读《论语》《中庸》《大学》。……一日须暗记140字,若前日之暗记内容,未完全背诵,今日再将其作为暗记内容,决不前进。①

京师大学堂开设之初,大部分的学生是科举制度培养的举人和秀才等,他们都为士大夫阶层。教职员称呼他们为"老爷"。体育课上教师对他们发号的施令为"老爷,左转;老爷,右转"②。这被外国人嘲笑为"等同于蒙养学堂"③(清末创办的幼儿教育机关)。

因为教育一线的教员无法执行近代教育,学堂教育最终演变成了以读经、讲经为中心的科举式教育。例如鲁迅,虽然就读于新式学堂,却因为不信任新式学堂而选择了留学日本,出现这种情况也在情理之中。

从以上我们可以看出,日本所面对的是没有充分接受近代教育的留学生,因此他们必须首先完成近代化的基础——普通学的修读。这样嘉纳治五郎开设普通学的决定也就合情合理了。普通学的修读也成为日本留学的特征之一。

---

① 柿沼谷藏:「嘉納会長清国巡遊記」,『国士』1903年第52号,第31—32頁。
② 大塚豊:「中国近代高等師範教育の萌芽と服部宇之吉」,『国立教育研究所紀要』1988年第115号,第49—50頁。
③ 小林善文:『中国近代教育の普及と改革に関する研究』,汲古書院2002年版,第142頁。

二、人才教育与速成教育

宏文学院所教授的不只是普通学。讲道馆收藏的《宏文学院章程》中写道:"一以培养警务官之才为主,一以速成造就师范之才为主。"①

这是依据嘉纳治五郎考察中国的教育状况的结果制定的②。如前文所述,清政府急需培养优秀的教师,同时因为警察对于建立近代国家来说不可或缺,培养警察也是清政府的当务之急,所以宏文学院仔细考量了中国的情况后决定主要实行这些教育。

其他的课程如表2-2所示。表2-2根据讲道馆收藏的《宏文学院一览》(1906年10月末调查)制作而成。为了满足陆续来日的留学生和清政府及各省的要求,宏文学院不断设置新的课程。因为必须考虑如何使学生在短时间内掌握专业的知识和技术,所以速成科成为主流。除了表2-2中的课程外,还有速成警务科、速成学校音乐科、直隶理化专修科、速成工业讲习班等课程。此外,学院还会根据省份来分班③。

表2-2 宏文学院设置的学科和就读年限

设置学科	就读年限
普通科	3年
速成普通科	毕业年份随时确定

---

① 講道館藏:『弘文学院章程要覽』。
② 講道館藏:『弘文学院章程要覽』。
③ 講道館藏:「宏文学院関係史料」。

续表

设置学科	就读年限
速成师范科	毕业年份随时确定
夜间速成理化科	
夜间速成警务科	
夜间日语	不定

课程大致分为普通科和速成科。速成科指的是短时间内修得学问,即"速成教育"。速成教育正是明治时期中国赴日留学生接受的教育的特色和主流。从图2-3中可以看出,宏文学院1959名毕业生中,速成科毕业生占93.4%(1830人),占绝大部分。从表2-2中可看出,虽然速成科没有就读年限,但是大部分留学生在6个月到1年的时间内便结束留学回国。关于速成教育,嘉纳治五郎曾对管学大臣张之洞说:

> 贵国当下之情况,诸般教育虽必要以速成留学生为急。然教育之根本,决非速成能达,必经普通教育入专门教育,委身研究深远之学理。今贵国以遣派此种学生为急务,迟一日国运进步亦迟一日。故在派遣速成的学生同时,派遣少年习深远之学问,他日方堪当经营国家之重任。[①]

---

① 『教育界』1902年第1卷第12号,第132页。

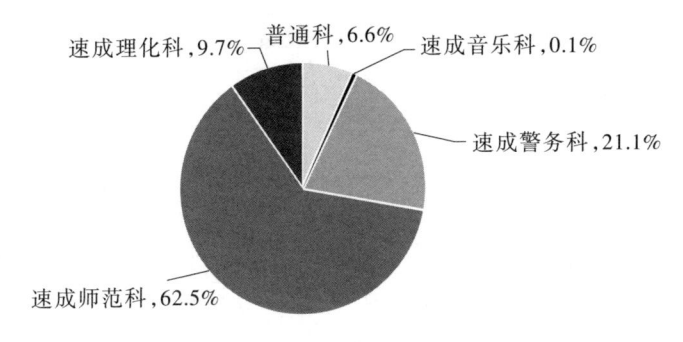

第二章　正式的留学生教育——宏文学院的设立

速成理化科,9.7%　普通科,6.6%　速成音乐科,0.1%

速成警务科,21.1%

速成师范科,62.5%

■ 普通科　■ 速成音乐科　■ 速成警务科　■ 速成师范科　■ 速成理化科

图2-3　宏文学院毕业生分布①

可见,虽然嘉纳治五郎承认了速成教育对当时中国的必要性,但是也同时警告并提醒清政府,国家振兴的根本是长期坚持普通教育和专业教育,具体方法是在派遣速成教育的学生的同时派遣年少的学生接受普通教育。嘉纳治五郎十分清楚速成教育的不完备。此提议一定程度上影响了1906年清政府的留学生派遣政策。但讽刺的是,这一政策最终换来了明治时期中国赴日留学的落幕。因为日本留学"同文、路近、费省、时短",嘉纳治五郎无法拒绝来日学生和清政府的强烈要求,即使违背本意也必须开展速成教育。

从图2-3中可以看出,宏文学院最多的是速成师范科。原因之一是嘉纳治五郎是东京高等师范学校的校长,也是日本教育界的权威人士。

在当时,培养教师十分困难。而新教育刚开始起步,与之相应的教师培养却迟迟跟不上脚步。根据吉野作造(曾是袁世凯长子

---

① 笔者根据讲道馆收藏的「宏文学院関係史料」与阿部洋的『中国の近代教育と明治日本』(福村出版1990年版,第32頁)制作而成。

的家庭教师和北洋法政学堂外籍教员)回国后的描述,当时的中国还存在以下问题:

> 吾屡闻清朝尊敬教师之风习,更进一步认为彼等必喜奉教师之职,实大误。少壮有为之士,反以置身教育界为耻辱。彼等动辄开口曰:予非长期奉职于学校之无骨气之人,近期将转为某地行政官。即彼等于学校教职不热心。①

虽然时代不同,东亚高等预备学校学生赵尊重在《我的出路》(『私の進路』)这篇作文中写道:

> 今我国陷入非常混乱之状态,为事实。其原因在于,同胞皆欲成为大人物。我鉴于此,望从最卑贱之职业。小学校之教师,或中学亦可。②

《新民丛报》中写道,(到1902年初为止,东京的留学生)270人中希望进入师范学校的只有6人,即45人中只有1人立志于教育。③对他们来说,教师这个职业并不具有魅力。清末自然不必多说,民国时期优秀的教师也一直紧缺,因此担任近代教育的工作几

---

① 『国家学会雑誌』1909年第5号,第135—136頁。
② 『日華学報』1941年第84号,第26—27頁。
③ 厳安生:『日本留学精神史—近代中国知識人の軌跡—』,岩波书店1991年版,第78頁。

乎是不可能的事情。

　　因为中国处于这样一种状况,所以嘉纳治五郎将师范教育作为当务之急,认为必须在当时的中国实行速成教育:"至创办完备的师范学校之前,暂兴速成师范学校,以解决当务之急。"①同时他强调:"传授普通教育知识之同时,最重要的是让师范生们感受到教书之乐趣,使其认识到教育工作之重要性。"②正因为宏文学院致力于速成师范科的发展,所以才吸引了少数志愿成为教师的人报考该校。

三、学院改名

　　1906年,"弘文学院"更名为"宏文学院"。更名的过程可以被当作体现教育机构对留学生的态度的典型事例。因为乾隆皇帝的名字为"弘历",留学生尤其是旗人不喜欢用"弘"字③。但真的仅是因为这个原因才更名的吗?根据当时留学生界的情况,可以推测学院更名的原因还有对宏文学院及日方对待留学生方式的不满。

　　1906年,中国赴日留学生的人数达到顶峰。虽然没有明确的统计,但笼统推测有一两万人。留学生人数达到顶峰的前一年,日本发生了震动留学生史的大事件——反对《留学生取缔规则》运

---

① 嘉納治五郎:「清国教育私議」,『太陽』1907年第1号,第52頁。
② 缪荃孙:《日游汇编》,王宝平主编:《晚清中国人日本考察记集成:教育考察记》下,杭州大学出版社1999年版,第3—9页。
③ 乾隆皇帝的名字为弘历,所以旗人出身的留学生不喜欢写弘文(実藤惠秀:『増補　中国人日本留学史』,くろしお出版1970年版,第67頁;嘉納先生伝記編纂会編:『嘉納治五郎』,講道館1964年版,第174頁)。

动[1]。关于此次运动目前已有许多学者进行了研究,这里仅简单提及不对其具体论述。1905年11月,日本文部省发布省令19号文件《关于准许清国学生入学公私立学校之规程》(「清国人ヲ入学セシムル公私立学校二間スル規定」)。这就是《留学生取缔规则》。规则共15条,主要内容是为了保护急剧增加的留学生的利益,关闭学店、学商,将公私立留学生教育机构置于文部省的监督管理之下,从文化和教育层面上促进两国友好。这些规则看起来没有丝毫问题,但为何有8000名留学生一起罢课退学,甚至有留学生自杀,2000名留学生退学回国,最终发展成政治事件了呢?对于留学生来说难以认同的是:第1条——入学时入学申请书需要清政府驻日公使的介绍信,第9条——接收留学生的学校必须让学生住在宿舍或指定旅馆,加以监督,第10条——不得招收因品行不良而被他校饬令退学的学生。根据阿部洋的说法,以上规则是受到清政府的指示后制定的,其目的在于强化对留学生反政府运动的管理。以"学店、学商的规定"为借口来遏制留学生的反政府运动,自然引起了留学生的反抗。只是已有研究并没有指出许多留学生甚至不清楚规则的具体内容,在没有进行详细调查的情况下就参与了罢课[2]。这些可以从宏文学院学生黄尊三的日记中得知。很明显,这些表面为留学实则以革命运动为目的来日的学生掌握了主导权,并且煽动了其他的留学生。

---

[1] 阿部洋:『中国の近代教育と明治日本』,福村出版1990年版,第113—114頁。
[2] 黄尊三著,实藤惠秀、佐藤三郎訳:『清国人日本留学日記:1905—1912年』,東方書店1986年版,第71—72頁。

第二章　正式的留学生教育——宏文学院的设立

与此同时，也存在许多退学、回国等消极的留学生。他们大多为"国家近代化型""清末志向做官型"留学生。这些学生因为害怕身佩短剑的纠察员而不敢表达自己的想法。事实上，宏文学院发生过学生被纠察员刺伤的事件。1905年年末，反对回国的留学生组织了留学生界维持会，不久后学生复课，1906年1月运动平息。

其实呼吁同盟退学的是宏文学院的学生。关于此次运动，讲道馆收藏的记录中有记载："所有留学生宣泄不满联盟休学，退学者甚多。"[①]宏文学院拥有主校区及5个分校区，由于回国的学生太多而关闭了3个分校。可见本次运动对于留学生教育大本营来说影响非常大。

此时的嘉纳治五郎已经拥有了有关留学生教育的明确理念。为了继续开展留学生教育，宏文学院并未与文部省保持完全一致，而是专心于平息运动，苦思对策。1906年1月15日，宏文学院终于得以恢复授课。对此，讲道馆收藏的记录中记载道："然学生出席人数一班仅1至2人，或一班全部不出席。"[②]可见当时只有少数学生上课。不可思议的是，同一天宏文学院向东京府和文部大臣提出了更改学院名称的请求[③]。两者的巧合绝非偶然。

嘉纳治五郎目睹了运动的惨烈，想必也对其抱有一定的恐惧。第六章我们将提到实际上宏文学院学生对其他学校——成城学校的留学生抱有一种自卑心理，自卑心理的积累使得契机一来便发展成了同盟退学。对于嘉纳治五郎来说，无论如何首先要做的便

---

① 講道館藏:「宏文学院関係史料」。
② 講道館藏:「宏文学院関係史料」。
③ 東京都公文書館藏:『明治卅五年文書類纂　第一種学事』，1902年。

是安抚留学生们的情绪,恢复授课。为此,即使收效甚微也必须努力消除留学生们的不满,向他们展示学院的变化。于是嘉纳治五郎想到了有学生不喜欢学院名称里的"弘"字。嘉纳治五郎希望通过改名使学院的面貌焕然一新,一并解决学院所面临的问题。

嘉纳治五郎的亲信横山健堂描述道:"中国人拘泥于面子之风气暴露无遗,吾等作为中国留学生的老师,需要反省的地方甚多。"[1]学院更改名称是考虑到了留学生的心情。以嘉纳治五郎为代表的日本知识分子,从明治以前就开始熟读汉学,自以为了解中国人,但毕竟是纸上谈兵,实际接触中国人后,对他们的冲击是非常大的。

不仅如此,类似于这样的留学生运动大大小小频繁发生,这是明治时期中国赴日留学的特征之一。宏文学院也不能幸免。详情会在后文叙述,嘉纳治五郎所构想的儒教观念中的留学生形象渐渐瓦解。

虽然最初没有明确的留学生教育理念,但是嘉纳治五郎通过亦乐书院开始了正式的留学生教育。随着留学生人数的增加,学院不断扩张,最终成立了宏文学院。

当时对清政府来说,一方面,改革充满了各种矛盾,比如制度的近代化和维持皇权的旧体制等之间的矛盾,但清政府必须实行改革。明治时期的日本通过将儒家的道德观念与近代化相融合,并推广国民教育实现了国民统一,这对清政府来说具有吸引力。这一点比以往通过日本学习西方的观点更上一个层次。

---

[1] 横山健堂:『嘉納先生傳』,講道館1941年版,第168頁。

第二章　正式的留学生教育——宏文学院的设立

另一方面,由于中国的教育状况不佳,新式学堂得不到很好的普及,人们无法掌握近代教育的基础——普通学。再加上教师这一职业不受欢迎,立志成为教师的人极少,因此支撑近代教育体系的师资力量不足。考虑到这些,嘉纳治五郎将实行"符合中国国情的教育"视为当务之急,尤其把重点放在普通教育和师范教育上,实施速成教育,让留学生在短时间内修得学问。这些形成了日本留学的特色。也就是说,中国近代教育的基础——普通教育,以及承担普通教育工作的师范教育,通过赴日留学得以实现。这意味着日本掌握了清政府的一部分教育实权。

第三章

宏文学院的留学生教育

在关于清代赴日留学生的研究中,以教育实态方面的研究最为滞后。得出该论断的主要原因是现存的相关史料极少。虽然研究滞后,但以往的研究认为,当时的留学生教育质量存在问题,导致社会对中国留日学生的评价低下,对此笔者是存疑的。此外,当时大部分留学生教育的特色是普通教育、速成教育和日语教育。此时,中国虽然已经有了学堂制度,但仍深受科举制度影响。赴日留学使这些学生首次接受正式的近代教育,因此十分有必要探索面向这样的留学生该如何开展教育,留学生对此又做何反应。

基于上述内容,本章将结合讲道馆收藏的有关宏文学院的史料展开分析、论述。

第一节 普通教育的概况

表3-1到表3-11[①]是宏文学院制定的修读科目及课时数,除了速成警务科和速成学校音乐科外,学生还要学习普通学。速成科不用学习日语和普通学,只须学习专业课程。普通科是学习专业知识前所必要的准备和基础,即初等、中等教育水平的普通学。特别是普通科在日语教育上所花费的时间非常多,因为相对于带

---

① 表3-1到表3-6是笔者根据讲道馆收藏的《宏文学院一览》(1906年10月末调查)制作而成的,表3-7到表3-11是笔者根据驻日公使馆游学生监督处《官报》1907—1908年的内容制作而成的。

翻译进行授课的速成科而言,普通科授课不带翻译,所以有这样的时间安排也理所应当。总之,这里反映了以日语教育和普通学教育为中心的嘉纳治五郎的教育方针。

表3-1 普通科第一学年必修科目及每周课时

单位:小时

科目	第一学期	第二学期	第三学期	合计课时
品德	1	1	1	3
日语	27	17	12	56
世界历史	0	5	5	10
理科示教	0	0	5	5
算术	0	5	5	10
体操	5	5	5	15
合计课时	33	33	33	99

表3-2 普通科第二学年必修科目及每周课时

单位:小时

科目	第一学期	第二学期	第三学期	合计课时
品德	1	1	1	3
日语	12	12	12	36
世界历史	5	0	0	5
理科示教	5	0	0	5
算术	5	5	0	10
几何学	0	0	5	5
代数学	0	5	5	10

续　表

科目	第一学期	第二学期	第三学期	合计课时
理化学	0	4	4	8
图画	0	1	1	2
体操	5	5	5	15
合计课时	33	33	33	99
英语(选修)	6	6	6	18

表3-3　普通科第三学年第一部必修科目及每周课时

单位:小时

科目	第一学期	第二学期	第三学期	合计课时
品德	1	1	1	3
日语	9	9	10	28
三角术	0	0	5	5
历史及世界形势	3	4	5	12
动物学	3	3	0	6
植物学	2	2	0	4
英语	10	9	7	26
体操	5	5	5	15
合计课时	33	33	33	99

表3-4　普通科第三学年第二部必修科目及每周课时

单位:小时

科目	第一学期	第二学期	第三学期	合计课时
品德	1	1	1	3

续　表

科目	第一学期	第二学期	第三学期	合计课时
日语	6	6	6	18
几何学	3	3	4	10
代数学	3	3	0	6
三角术	0	0	5	5
理化学	3	4	5	12
动物学	3	3	0	6
植物学	2	2	0	4
图画	1	1	1	3
英语	6	6	6	18
体操	5	5	5	15
合计课时	33	34[①]	33	100

表3-5　速成警务科必修科目及每周课时（修学时长7个月）

单位：小时

科目	课时
警察学概要	2
行政警察	2
司法警察	2
高等警察	1
消防警察	1
卫生警察	2

① 原资料中的数值为33，此处为修正后的数据。

续　表

科目	课时
医药警察	1
警务要则	1
体操	2
合计课时	14

表3-6　直属理化专修科目(修学时长1年)

算术	代数	平面几何学
物理学	化学	教学法

表3-7　速成师范科文科生必修科目

日语	日文	心理	教育	教育史
制度	管理法	教学法·编纂法	算术	代数
几何	理化	博物	地理	历史
逻辑	伦理	法制·经济	图画	体操

表3-8　速成师范科理科生必修科目

日语	日文	心理	教育	教育史
制度	管理法	教学法·编纂法	算术	代数
几何	物理	化学	动物	植物
生理·卫生	地质·矿物	伦理	图画	体操

表3-9　第二高等理化速成必修科目

算术	几何	代数
物理	化学	三角

表3-10　湖北普通班必修科目（速成）

日语	英语	地理	历史
算术	代数	几何	物理
化学	植物	动物·生理·矿物	图画

表3-11　速成学校音乐科必修科目（修学时长1年）

唱歌	音乐理论	风琴练习

普通科的科目数量非常多。与当时日本的中学和师范学校相比，虽然课时数要少一些，但科目数量相同。因此，能看出这种安排是想要尽可能地传授日本的教育风格。普通科的课时数是每周33小时，若按照规定，周一至周五每天为6小时，周六则为3小时。普通科的通识课程到第二学年为止，因而2年间的周平均课时数比为日语46.5%、算术·代数·几何17.7%、体操15.2%、理科示教·理化9.1%、世界历史7.6%、品德3.0%、图画1.0%。

那么，上述课程的课时数的差异意味着什么呢？如上文所述，因为普通科的课堂上不配备翻译，所以"日语"的课程最为重要，为其花费大量时间也不足为奇。"算术"是留学生最不擅长的科目。关于这点，在后述首批留学生的教育实际情况中会展开论述。对于"体操"，特别是士大夫阶层认为活动身体是下层百姓所为，故在

第三章　宏文学院的留学生教育

中国几乎没有开展。因而,就连许多来自中国的教育视察也都提及"体操",表现出了对"体操"的兴趣。关于日本的师范学校"体操"课程,学部的《奏请宣示教育宗旨折》中写道:"投球或相扑等被视为日常科目,设有运动会。……中国采用此方法实行,久而久之可成习惯。"[1]其中"兵式体操"格外受到关注,这一科目在宏文学院里也开设了。

在日本,非陆军学校也要求学生学习兵式体操。对此沈翊清认为,"日本乃尚武之国"。在他的视察日记《东游日记》中记载道,幼儿园中,3岁以上6岁以下之男女,由2名保姆引导列队。前后左右听号令移动,或交错移动,或停滞不前,看似杂乱无章,实则井然有序。对当时的中国人来说,幼童是无法做出这些动作的,对此他很震惊[2]。此外,留学生中也有人对"体操"抱有浓厚的兴趣,他们同时还积极参加游泳、滑冰、滑雪、骑马、登山、柔道等活动。讲道馆收藏的资料中还有鲁迅即周树人在嘉纳治五郎门下修习柔道的记录。

课时数量少的"理科示教"是首批留学生学习的科目中平均分最高的科目,因为它能在短时间内展现学习成效。关于"品德"课程,日本方面认为留学生已经具有儒学观,对留学生而言比较熟悉。

根据上述内容可知,考虑到留学生留学前受到的教育情况,宏文学院特意让留学生在最陌生且不擅长的科目上花费大量时间学

---

[1] 汪婉:『清末中国対日教育視察の研究』,汲古書院1998年版,第148頁。
[2] 汪婉:『清末中国対日教育視察の研究』,汲古書院1998年版,第76頁。

习。最初的留学生教育亦存在类似的问题,普通学对留学生来说是相当大的负担。也许正因如此宏文学院才没有从第一学期就开设这些课程,可以说嘉纳治五郎的教学计划体现了他对留学生的悉心关怀。

对大多数留学生来说,这是他们首次接受近代教育,那他们顺利地完成了学业吗?游学生监督处的《官报》[①]上记录了宏文学院留学生的成绩单。可以看出留学生们相对而言取得了较优秀的成绩,但是我们不能全盘相信成绩单上的数字。这是因为我们不知道考试试题、答题情况、评分标准等,而且我们还要充分考虑教师主观的评价。讲道馆藏有首批留学生的答题纸,虽然有教育程度上的些许差别,但这对了解宏文学院和其他学校普通教育的情况来说是极其珍贵的线索,因此在此进行阐述。

讲道馆保存了10名首批留学生(胡宗瀛、唐宝锷、金维新、瞿世瑛、刘麟、吕烈辉、吕烈煌、朱忠光、戢翼翚、冯阎谟)的答题纸。据此可知,他们学习了"东语(日语)""理科""算术""地理""历史"课程[②]。除此之外,他们还学习了"英语""体操"课程[③]。如《国士》第1号所述,"某些课是为其他专业学科的学习做准备的,修读英语、数学、理化、博物学、地理、历史等便是如此",可知是依据各留

---

① 《官报》由管理日本游学生监督处发行,现存的材料涵盖了从1907年第1期到1911年第50期这段时间的学部的上奏文、留学生的成绩单、疾病情况、事故情况、出勤情况,以及入学者和退学者的名单等。
② 講道館藏:「宏文学院関係史料」。
③ 『国士』1898年第1号,第40頁。

第三章　宏文学院的留学生教育

学生选修的专业而安排了不同的课程[①]。"体操"则是嘉纳治五郎特别注意提高学生及职员的健康、体力而鼓励实施的[②]。此外，"理科"和"体操"课程是在嘉纳担任校长的东京高等师范学校里上的[③]，这是因为三崎町的校舍中没有相关的教具和设施。

接下来，我们看一下此次考试的时间。"算术""历史""地理"是在1898年8月进行的；"东语（日语）"的作文题目是"岁晚述怀"，根据其内容可推测是在1897年12月末进行的；另外可以推测"理科"是在1898年7月进行考试的[④]。下面是除日语之外的其他科目考试题[⑤]：

1. 理科（共7问）
（1）请回答为何水滴落在荷叶或者鸟的羽毛上时会变成滚动的球状。

[①] 『国士』1898年第1号，第40页。另外，讲道馆保存的胡宗瀛的毕业证书上写着"日语是主课，地理、历史、数学和理科是副课"。从中可知一些学生没有学习英语。
[②] 講道館監修：『嘉納治五郎大系』第11卷，本の友社1988年版，第89页。该文献显示，嘉纳治五郎被称为"体育之父"，在日本的体育教育发展史上值得大书特书。1896年3月，嘉纳治五郎在东京高等师范学校举行了首届运动会。
[③] 実藤恵秀：『増補 中国人日本留学史』，くろしお出版1970年版，第38页。
[④] 講道館藏：「宏文学院関係史料」。根据该资料，在"理科"答题纸的开头写着"中国留学生成绩（1898年5月11日至7月16日）"，记录了每个学生的第一次、第二次成绩及平均成绩。根据"理科"答题纸上的评分，第二次考试应该是在1898年7月16日举行的。另外，根据"中国留学生成绩（1898年5月11日至7月16日）"这份资料，胡宗瀛的成绩是75分，但他的答题纸上的成绩是72分。表3-12中的成绩是答题纸上的成绩。
[⑤] 講道館藏：「宏文学院関係史料」。

93

（2）分别列举一个最坚硬、最具延展性、最具可锻性的物品。

（3）为何淡水中溶解食盐后会变重？

（4）请写出比水更重的固体的质量的计算方式。

（5）火灾现场为何比其四周更易起风？

（6）请画出真空喷水器的图。

（7）两国桥上正在放烟花，在御茶水桥上看到烟花后5秒听到声响。请问两座桥的距离是多少？

2. 算术（共2问）

（1）请表示出分数除分数的方法及理论。

（2）请写出最快确定某数能否被9整除的方法及理由。

3. 地理（共4问）

（1）请阐述日本的政治组织。

（2）请写出北海道的重要都会港湾及物产。

（3）请叙述日本各州的气候人情的异同。

（4）解说地图。

4. 历史（共3问）

（1）请写出日本与西洋的商贸交通变迁史。

（2）请写出宪法发布的由来。

（3）请写出德川光圀、大冈忠相、本居宣长、林子平、大久保利通这些人物的主要事迹。

考试的特征在于留学生不仅要在答题纸上写答案，还要把题目抄在上面。这些题目是由教师口述的,学生在答题纸上记录①。其中一个原因是当时复印比较困难,另一个原因是各科教师考虑到日语教育,为了培养学生听力而这样做。

"理科"旨在培养基础学习能力,"地理"和"历史"涉及的内容主要是日本国内。从金维新在"历史"答题纸中写的"日本小学史谈考试"及"算术"中的分数考题可知,留学生是从小学内容开始学习的。虽然不知道他们使用哪些教科书,但大概率是日本国内的教材。

答题纸上直接写了成绩。从表3-12中可知,平均分最高的为"理科"。据横山健堂所述,即使是成绩优异的留学生,他们的理化水平也仅仅是小学水平②。对他们来说,理科等自然科学学科是第一次学,但平均分是最高的。有人认为这是因为教学方法好,且内容比较初级,但对留学生而言,大概是上手简单、容易学习的缘故吧。

表3-12 考试成绩表③

人名	日语	理科	算术	地理	历史	平均
唐宝锷	85	90	85	80	85	85

① 講道館監修:『嘉納治五郎大系』第11卷,本の友社1988年版,第187—188頁刊载了町田弥平给嘉納治五郎的意见,考试可采用"(教师)口述问题,(考生)听写下来"的形式。
② 講道館監修:『嘉納治五郎大系』第11卷,本の友社1988年版,第174頁。
③ 由笔者根据讲道馆收藏的《宏文学院关系记录文书》制作而成。各平均值保留小数点后一位。"嘉纳老师的考试"评价未被记录。关于瞿世瑛,虽然其"嘉纳老师的考试"答题纸得到了保存,但其他学科的答题纸并未留存。

续　表

人名	日语	理科	算术	地理	历史	平均
朱忠光	85	93	40	70	75	72.6
胡宗瀛	67	72	20	80	50	57.8
戢翼翚	75	80	40	60	40	59
冯阎谟	80	75	50	80	70	71
吕烈辉	75	95	100	70	80	84
金维新	72	60	20	50	30	46.4
瞿世瑛	无答题纸	无答题纸	无答题纸	无答题纸	无答题纸	—
刘麟	无答题纸	80	40	65	70	63.8
吕烈煌	75	88	50	60	60	66.6
平均	76.8	81.4	49.4	68.3	62.2	67

平均分最低的是"算术",且与其他学科相比分数过低。为何"算术"的平均分会如此低呢?且看最低分胡宗瀛的答题纸(第一题):

分数除以分数,或分数之分母与所除分数之分母同,可将除数颠倒为被除数。若为异分母分数,必先将之变为同分母,方可用前述法计算之。

胡宗瀛能够记录下题目,但他大概无法理解题目的意思。也就是说,日语水平差是其分数过低的原因之一。以下关于他们在1898年的教育状况的报道证明了这一点:

第三章　宏文学院的留学生教育

> 最初之学生完全不懂日语,亦极度缺乏理学、数学等逻辑思维,由完全不懂汉语的教师来教授日语及相关学科,教师所费之工夫苦心,不少也。①

也就是说,留学生与教师在语言上存在着巨大的交流障碍。从金维新和刘麟的"理科"答题纸中就能看到很有意思的地方。例如,在刘麟的答题纸上阅卷人写道:"公式是没错,但是解释让人无法理解。"我们可以推测,语言,特别是留学生的日语能力问题,不仅仅对"算术"和"理化"科目,对全部学科均造成了影响。

让我们回到"算术"的话题上来。教师们对"算术"持有怎样的态度呢? 下文是任课老师向嘉纳治五郎提交的意见报告:

> 学生学习算术,始于1896年10月……实际从计数开始至整数之加减乘除……其皆初步,仍未十分熟达。②

从中能够解读出的信息是,虽然是从入门教起的,但教师认为留学生们并没有取得理想的学习效果。留学生们在"算术"这门科目上学习效果不好是否有其他的原因呢? 留学生一直以来所接受的是在固定文体形式的学习上花费大量时间的科举制度教育,而"算术"需要逻辑思维,因此他们在中国接受的教育所带来的影响

---

① 講道館監修:『嘉納治五郎大系』第11卷,本の友社1988年版,第174頁。
② 『国士』1898年第1号,第40頁。

很有可能是造成该现象的原因之一。嘉纳治五郎也对此进行了论述：

> 清政府以八股文考试为人才录用唯一之方法，将及第看作教育之结果。……其所学远乏实用，为死学；其所修业极大阻碍人类精神发展；其考试要求、其背诵浩瀚之书籍，虽使记忆能力发达，然不能使计划应用发达。①

前文也有提及，当时中国的各类教育机构建立在科举制度的基础上，只有科举及第才是教育的目的。科举要考查的能力主要有2点。第一是创作定型诗文的能力。作诗题指定题目和韵脚，而且作为答案的文章有字数、结构、韵律形式上的严格要求。熟练运用多达5万种汉字，在引经据典的同时，必须确保满足形式上的规范。第二是儒家经典的知识。将40万字以上的"四书五经"等儒家经典一字不差地背诵，而且要求基于朱子的解释记述其含义。在古代中国，官僚负责辅佐皇帝、教化百姓，其选拔标准在于高超的文化水平和道德水平。也就是说，第一点验证的是文化水平，第二点验证的是道德水平。因此，可以说对接受了背诵作为基本教育方式的留学生而言，必须运用逻辑思考的科目是陌生的，所以难以显现出教育成效。

对此，不仅教师苦恼，留学生亦然。胡宗瀛在"东语"考试的作文《岁晚怀述》中写道："虽然教师热切地教导，但结果不尽如人

---

① 嘉納治五郎:「清国巡遊所感（二）」,『国士』1902年第51号,第2—3頁。

意。"从中可以看出苦恼的还有留学生本人。这里也能清楚地看到,留学生们为了祖国的近代化所付出的努力。

在他们的答题纸上,教师做出的评价是大致按照分数给的。但是,评价标准并不明确,且看唐宝锷取得了85分的"算术"答案纸(第一题):

理论:除法与乘法相反,例如若问题为$\frac{7}{8} \div \frac{4}{9}$,这时如果在商上乘以除数,会得到被除数,$\frac{4}{9}$即是商的$\frac{4}{9}$,商的$\frac{4}{9}$即为$\frac{7}{8}$,所以$\frac{1}{9}$比$\frac{4}{9}$少4倍,也就是$\frac{7}{8 \times 4}$。$\frac{7}{8 \times 4}$的9倍也就是$\frac{7}{8} \times \frac{9}{4}$。

解答很显然是错误的,按理他拿不到85分。总之,如何阅卷及评分标准并不明确。而且,根据前文所述的任课老师提交给嘉纳治五郎的意见书所言,"此次考试所选之题目,皆为力求简单之问题,相较于本身实力而言,诸位所获得之成绩更为优秀"[1]。的确,仅凭借一次考试的成绩就认为学习效果好还为时尚早。但是,若考虑到当时学习普通学早已不是用母语而是用日语,是在所谓的全日文沉浸式教学过程中摸索着开展教育,那么遇到这么多困难也是无法避免的。在语言不通、受科举制度教育的影响等背景

---

[1] 講道館監修:『嘉納治五郎大系』第11卷,本の友社1988年版,第187—188頁。

下,留学生仅用约2年的时间就能写出这样的答案,难道不应该对普通教育给予一定的肯定吗？

那么,宏文学院中普通教育的学习成效究竟如何呢？表3-13和表3-14是根据讲道馆收藏的史料制作而成的1906年宏文学院普通科学生的去向表。从表3-13和表3-14中可以看到一部分普通教育的成效。

表3-13 1906年宏文学院普通科学生的官公立学校去向

去向	入学者数/人	全体占比/%
高等学校·帝国大学	19	16.1
东京高等工业学校	18	15.3
山口高等商业学校	8	6.8
东京高等师范大学	7	5.9
东京高等商业大学	4	3.4
千叶医学专科学校	4	3.4
京都高等工艺学校	2	1.7
长崎高等商业学校	2	1.7
仙台医学专科学校	2	1.7
大阪高等工业学校	1	0.8
东京蚕业讲习所	1	0.8
合计	68	57.6

表3-14　1906年宏文学院普通科学生的私立学校去向

去向	入学者数/人	全体占比/%
明治大学	15	12.7
法政大学	14	11.9
早稻田大学	9	7.6
日本大学	4	3.4
中央大学	2	1.7
岩仓铁道学校	2	1.7
东亚铁道学校	2	1.7
东洋音乐学校	1	0.8
工手学校	1	0.8
合计	50	42.3

在1906年这一年，清政府停止派遣速成留学生，这成为赴日留学的重要分水岭之一。同时，对留学生而言，只上速成科回国后也无法出人头地。这样一来，留学生上完速成科后，就想到更高一级的教育机构里继续深造，因此参加入学考试的人数也急剧增加，而这些教育机构的入学考试内容是普通学。

让我们再看看表3-13和表3-14。1906年宏文学院有140名学生入学，其中118名进入高等教育机构，也就是说实际上有84.3%的学生成功升学。其中，去往官公立学校的人数占比为57.6%，共68人；去往私立学校的人数占比为42.3%，共50人。从1896年到1906年所有留日学生中进入大学的人数比为1%，进入高中级别的学校的人数比为5%①。因此可以说,宏文学院普通科的升学率极高。图3-1为嘉纳治五郎及相关教师和最早的留学生的合影。

图3-1 嘉纳治五郎和最早的留学生②
(第二列从左二依次为本多老师、嘉纳治五郎老师、吉田老师)

虽然以上论述并不全面,但在当时的留学生界能够升入高中和大学的人极少,从这一点看,我们也可以说宏文学院普通科的教学是成功的。

第二节 速成师范科

第二章中也有所提及,宏文学院花费力气最大的是速成师范科。基于中国师资不足的现状,嘉纳治五郎强调为人师的快乐和从事教育事业的重要性。从表3-7和表3-8中可知,宏文学院的

---

① 嚴安生:『日本留学精神史―近代中国知識人の軌跡―』,岩波書店1991年版,第360頁。
② 讲道馆图书资料。

授课内容不仅包含普通学,还包括其他专业方向的科目,这也如实反映了嘉纳治五郎的教育方针。也就是说,普通教育还需加强教育学、教育史、教学法、管理法、心理学等领域的学习,让留学生充分理解教育的关键要素至关重要。同时,教授如何管理学校事务和学生的管理法,掌握高等教育的核心内容以及对各领域知识的深入理解,也是师范教育的一大特色。

接下来看一下在有限的留学时间里,具体学习内容有哪些。由于没有完整的留学生证言和答题纸等史料,我们难以全部厘清。因此,下文根据讲道馆收藏的"宏文学院关系史料"来展开论述。

下面来看1902—1906年宏文学院的职员变动。首先注意到的是,这里聚集了代表日本学术界的优秀教师。有教育学家江口辰太郎、棚桥源太郎、樋口勘次郎、波多野贞之助、小泉又一、小山左文二,数学家林鹤一,宪法学家上杉慎吉,佛教哲学家井上圆了等人。由于篇幅所限,虽然无法尽数列出,但嘉纳治五郎的人脉之广着实令人震惊。

4年里,加上院长学院共有259名教职员工,在职时间短的不到1个月,教职工频繁更迭(见表3-15)。荫山雅博称原因在于教师对留学生教育兴趣不大[①]。在这样的状况下,不可能不出现问题。

---

① 蔭山雅博:「宏文学院における中国人留学生教育—清末期留日教育の一端—」,『日本の教育史学』1980年第23号,第62页。

表3-15　职员变动一览(1902—1906)[①]

职务名称或负责学科	姓名	就职年月	辞职年月
学院长	嘉纳治五郎	—	—
教育学	波多野贞之助	（不明）	（不明）
会计主任	大久保明	1902年5月	（不明）
（不明）	关顺一郎	1902年5月	（不明）
（不明）	？绍鸿	1902年6月	1902年9月
（不明）	山川友治	1902年6月 1904年7月	1903年12月 （不明）
（不明）	纪田宽作	1902年7月	1902年9月
（不明）	石井岩冶	1902年7月	1902年9月
（不明）	大川括楼	1902年7月	1902年11月
（不明）	稻村真理	1902年7月	1903年1月
（不明）	野田五郎助	1902年7月	1903年3月
（不明）	岩井敬太郎	1902年7月	1903年3月
（不明）	本多厚二	1902年7月	1903年4月
（不明）	沼田勘一	1902年7月	1903年6月
（不明）	富永厏彦	1902年7月	1903年7月
（不明）	今村与八郎	1902年7月	1903年7月
（不明）	森泷江	1902年7月	1903年8月

① 由笔者依据以下文献制作：講道館藏：「宏文学院関係史料」；横山健堂：『嘉納治五郎伝』本の友社1988年版；蔭山雅博：「宏文学院における中国人留学生教育—清末期留日教育の一端—」，『日本の教育史学』1980年第23号，第62页。

续　表

职务名称或负责学科	姓名	就职年月	辞职年月
（不明）	须见丰五郎	1902年7月	1904年2月
（不明）	渡边重五郎	1902年7月	1904年4月
（不明）	佐伯东	1902年7月	1906年9月
日语	三矢重松	1902年7月 1904年7月	1903年4月 （不明）
（不明）	岛田文之助	1902年7月 1905年1月	1903年6月 1905年5月
教育学	江口辰太郎	1902年7月 1905年5月	1903年9月 1905年11月
日语	唐宝锷	1902年8月	1902年11月
（不明）	山路一游	1902年8月	1902年12月
（不明）	平田芳太郎	1902年8月	1902年12月
（不明）	穗刈信乃	1902年8月 1904年8月	1903年3月 （不明）
日语	难波常雄	1902年9月 1904年7月	1903年4月 1905年10月
（不明）	呼子友一郎	1902年9月 1905年1月	1903年6月 1905年5月
（不明）	谷广闸	1902年9月 1906年4月	1904年2月 （不明）
（不明）	吉川襄平	1902年11月	1904年4月
教材编撰法	棚桥源太郎	1902年11月	（不明）
地理	矢津昌永	1902年11月	（不明）

续 表

职务名称或负责学科	姓名	就职年月	辞职年月
（不明）	佐佐木吉三郎	1902年11月	（不明）
（不明）	刘麟	1902年11月	（不明）
汉文学、口译	金太仁作	1902年11月	（不明）
口译	松江贤哲	1902年11月 1905年1月	1904年11月 1905年7月
化学	和田猪三郎	1902年12月 1905年10月	（不明） （不明）
（不明）	益子逞补	1903年1月	（不明）
（不明）	松林孝纪	1903年1月 1903年8月	1903年6月 1904年6月
（不明）	宫井镇男	1903年1月 1906年4月	1904年3月 （不明）
（不明）	藤井秀雄	1903年4月	1903年6月
（不明）	名尾良辰	1903年4月	1903年6月
化学	三泽力太郎	1903年4月	1904年9月
（不明）	深井虎藏	1903年4月	1904年10月
（不明）	宫井镇男	1903年4月 1906年3月	1904年3月 （不明）
日语语法	松本龟次郎	1903年5月	（不明）
（不明）	爱甲平一郎	1903年5月	1903年12月
（不明）	渡边几治	1903年5月	1903年12月
（不明）	渡边李一	1903年5月	1904年6月
教育学	中谷延治	1903年7月	1904年1月

续　表

职务名称或负责学科	姓名	就职年月	辞职年月
（不明）	横田留止郎	1903年7月	1905年3月
（不明）	铃木常治	1903年7月 1906年3月	1905年12月 （不明）
（不明）	孟繁英	1903年9月	1904年1月
（不明）	辻安弥	1903年10月	1905年8月
（不明）	长松文一	1903年11月	1904年2月
（不明）	樱井寅之助	1903年11月	1904年4月
（不明）	黑木千寻	1903年11月	1904年4月
（不明）	若林富次郎	1903年12月 1906年2月	1905年6月 （不明）
（不明）	下冈忠治	1904年？月	（不明）
植物学	高楠章臣	1904年？月	（不明）
法制学	葛冈信虎	1904年？月	（不明）
（不明）	武年栎	1904年1月	1904年2月
学校管理法	大久保介寿	1904年1月	1905年8月
（不明）	任傅榜	1904年1月	1905年10月
（不明）	三木佐藏	1904年1月	1905年12月
代数	立花赖重	1904年1月	（不明）
物理	正木直太郎	1904年1月	（不明）
（不明）	泉惠眼	1904年1月 1904年7月 1906年12月	1904年5月 1906年6月 （不明）
（不明）	志水三郎	1904年2月	1905年8月
（不明）	赤松又次郎	1904年3月	（不明）

续　表

职务名称或负责学科	姓名	就职年月	辞职年月
（不明）	涩谷蔼	1904年3月	1904年9月
（不明）	樋口龙绿	1904年3月	1905年3月
（不明）	仓桥安太郎	1904年4月	1904年11月
植物学	铃木龟寿	1904年4月	1905年8月
（不明）	清水清	1904年4月	1905年9月
（不明）	久我均光	1904年4月	1906年2月
（不明）	朝仓俊道	1904年4月 1905年1月 1905年12月	（不明） 1905年3月 （不明）
（不明）	岩波静弥	1904年5月	（不明）
日语	白田寿惠吉	1904年5月	（不明）
（不明）	吉川孝藏	1904年5月	1904年9月
（不明）	滨幸次郎	1904年5月	1905年6月
（不明）	牧野谦二郎	1904年5月	1906年4月
日语	唐木歌吉	1904年6月	（不明）
（不明）	铃形悌三郎	1904年6月	1904年12月
（不明）	财部实秀	1904年6月	1904年12月
教育学	樋口勘次郎	1904年6月	1905年2月
伦理学	法贵庆次郎	1904年6月	1905年6月
（不明）	片冈宽喜	1904年6月	1905年6月
（不明）	中川文造	1904年6月	1905年11月
（不明）	土肥健之助	1904年7月	（不明）

续　表

职务名称或负责学科	姓名	就职年月	辞职年月
（不明）	冈口定一	1904年7月	1904年8月
（不明）	清水大树	1904年7月	1904年9月
（不明）	深田喜代作	1904年7月	1904年10月
（不明）	阿部加芳咲	1904年7月	1904年12月
动物学	赤沼满次郎	1904年7月	1905年6月
（不明）	本庄太一郎	1904年7月	1905年7月
（不明）	谷口谦造	1904年7月	1905年7月
日本教育制度	增户鹤吉	1904年7月	1906年2月
（不明）	河村实好	1904年8月	（不明）
（不明）	佐野佑之助	1904年8月	（不明）
（不明）	野村清直	1904年8月	（不明）
（不明）	小野信夫	1904年8月	1904年9月
（不明）	野村为直	1904年8月	1905年10月
（不明）	赵弧一郎	1904年8月 1905年9月	1905年3月 （不明）
（不明）	井上松冶	1904年9月	（不明）
（不明）	室田文六	1904年9月	1904年10月
（不明）	八卷准次	1904年9月	1904年11月
（不明）	平出幸丸	1904年10月	（不明）
（不明）	牧口常三郎	1904年10月	（不明）
（不明）	上野巽	1904年10月	（不明）

续 表

职务名称或负责学科	姓名	就职年月	辞职年月
（不明）	东野十次郎	1904年10月	（不明）
化学（教务主任）	大岛英助	1904年10月	（不明）
（不明）	大野？	1904年10月	1904年11月
（不明）	西野忠吉	1904年10月	1904年11月
（不明）	中村久四郎	1904年10月	1905年3月
（不明）	船山好治	1904年10月	1905年4月
（不明）	铃木仪之助	1904年10月	1905年5月
（不明）	上冈团司	1904年10月	1905年6月
音乐学	铃木米次郎	1904年10月	1905年10月
（不明）	古久保立吉	1904年10月	1905年10月
心理学	高岛平三郎	1904年11月	（不明）
（不明）	安藤伊三郎	1904年11月	（不明）
（不明）	中村为邦	1904年11月	（不明）
教务相关	山内辉民	1904年11月	（不明）
（不明）	户城傅七郎	1904年11月	1905年6月
（不明）	佐伯雅之	1904年11月	1905年6月
（不明）	草野俊助	1904年11月	1905年7月
（不明）	鸭居武	1904年11月	1905年7月
（不明）	田口元	1904年12月	（不明）
（不明）	野田义三郎	1904年12月	1905年6月
学校制度	小泉又一	1905年？月	（不明）

第三章　宏文学院的留学生教育

续　表

职务名称或负责学科	姓名	就职年月	辞职年月
各教科教学法	大槁铜三	1905年？月	（不明）
（不明）	中川泰三	1905年？月	1906年1月
（不明）	佐藤晋平	1905年1月	1906年1月
（不明）	山内左代助	1905年1月	1906年1月
（不明）	柏树严	1905年1月	1906年1月
（不明）	桧山友花	1905年1月	1905年1月
（不明）	岩田敏雄	1905年1月	1905年3月
妖怪学、伦理学	井上圆了	1905年1月	1905年3月
（不明）	呼子友一郎	1905年1月	1905年5月
（不明）	名尾良辰	1905年1月	1905年5月
（不明）	石川贞吉	1905年1月	1905年5月
（不明）	池口庆三	1905年1月	1905年5月
（不明）	胜见贞靖	1905年1月	1905年5月
（不明）	土田团之助	1905年1月	1905年5月
（不明）	土方源之助	1905年1月	1905年5月
（不明）	天津守太郎	1905年1月	1905年5月
（不明）	冈野宋十郎	1905年1月	1905年6月
（不明）	片冈宽？	1905年1月	1905年6月
宪法	笕克彦	1905年1月	1905年7月
（不明）	韩永条	1905年1月	1905年8月
（不明）	杉本正直	1905年1月	1905年12月
（不明）	木野崎吉辰	1905年1月	1906年3月

续　表

职务名称或负责学科	姓名	就职年月	辞职年月
（不明）	相田巳代吉	1905年1月	1906年8月
法制学	高桥皥	1905年1月 1906年4月	1905年10月 （不明）
日语	佐村八郎	1905年2月	（不明）
（不明）	三户部亦冶	1905年3月	（不明）
（不明）	仙名助八郎	1905年3月	（不明）
（不明）	大久保一明	1905年3月	1905年8月
日语	松下大三郎	1905年4月	（不明）
（不明）	池田幸甚	1905年4月	（不明）
（不明）	上野景明	1905年4月	1905年7月
（不明）	福田精一	1905年4月	1906年3月
（不明）	矢野太郎	1905年4月 1906年1月	1905年11月 1906年3月
（不明）	带金伊三郎	1905年5月	1905年6月
（不明）	若月岩吉	1905年6月	（不明）
（不明）	藤森温和	1905年6月	（不明）
（不明）	渚翔	1905年6月	（不明）
（不明）	阿知波小三郎	1905年6月	1905年6月
（不明）	村田政夫	1905年6月	1905年7月
（不明）	松永新之助	1905年6月	1905年7月
（不明）	中村米寿	1905年6月	1905年10月
（不明）	小西三七	1905年6月	1905年10月

续　表

职务名称或负责学科	姓名	就职年月	辞职年月
（不明）	馆冈政治郎	1905年6月 1906年4月	（不明） （不明）
（不明）	小平传江	1905年7月	（不明）
（不明）	村田寿江	1905年7月	（不明）
（不明）	冈田广太郎	1905年7月	1905年7月
（不明）	福泽悦三郎	1905年7月	1906年6月
（不明）	手冢光贵	1905年7月 1906年5月	1905年11月 （不明）
（不明）	小池清	1905年8月	1905年9月
（不明）	山田麟太郎	1905年9月	（不明）
（不明）	井泽长十郎	1905年9月	（不明）
（不明）	森庄八	1905年9月	1905年11月
（不明）	西村辰次郎	1905年9月	1905年12月
（不明）	大森英夫	1905年9月	1906年7月
（不明）	池田友吉	1905年10月	（不明）
（不明）	山川三磨	1905年10月	（不明）
（不明）	阿部元雄	1905年10月	（不明）
（不明）	相马由也	1905年10月	1905年10月
（不明）	增岛文次郎	1905年10月	1906年10月
（不明）	村上忠义	1905年11月	（不明）
（不明）	本多绵吉郎	1905年11月	（不明）
（不明）	宇井英	1905年11月	（不明）

续　表

职务名称或负责学科	姓名	就职年月	辞职年月
（不明）	根来可敏	1905年11月	（不明）
（不明）	里泽传次郎	1905年11月	（不明）
（不明）	谢？	1905年11月	（不明）
（不明）	大贯次郎	1905年11月	1906年3月
法制学	上杉慎吉	1905年11月	1906年4月
（不明）	铃木静	1905年11月	1906年7月
（不明）	安住时次郎	1905年11月	1906年7月
（不明）	新居友三郎	1905年11月	1906年7月
（不明）	高桥岩次郎	1905年11月	1906年7月
（不明）	古贺千次郎	1905年12月	（不明）
（不明）	稻垣知刚	1905年12月	（不明）
（不明）	秋山钱太郎	1906年1月	（不明）
（不明）	根本莞尔	1906年1月	（不明）
（不明）	田村？一	1906年1月	（不明）
（不明）	森胁英雄	1906年1月	（不明）
（不明）	村上忠义	1906年1月	（不明）
（不明）	佐藤正范	1906年1月	1906年1月
日语	柿村重松	1906年1月	1906年2月
（不明）	梶野要三郎	1906年2月	1906年2月
日语	鹤田健次	1906年2月	1906年2月
—	印南于菟吉	1906年2月	1906年7月
—	内山一雄	1906年2月	1906年8月

续 表

职务名称或负责学科	姓名	就职年月	辞职年月
—	龟山秀明	1906年3月	（不明）
—	清水孝义	1906年3月	1906年7月
—	佐藤寅三	1906年4月	（不明）
—	青木乔	1906年4月	（不明）
国际法	中村进午	1906年4月	1906年5月
（不明）	芝野久助	1906年4月	1906年6月
几何学	林鹤一	1906年4月	1906年7月
（不明）	矢野元三郎	1906年4月	1906年7月
（不明）	辻秀春	1906年4月	1906年8月
（不明）	吉村源太郎	1906年4月	1906年8月
（不明）	小岛光次	1906年5月	（不明）
（不明）	木川加一	1906年5月	（不明）
（不明）	浅野肇	1906年5月	（不明）
（不明）	岛野复子	1906年5月	（不明）
（不明）	乙骨三郎	1906年5月	（不明）
（不明）	小泉安吾	1906年5月	（不明）
（不明）	小林鹤义	1906年5月	（不明）
（不明）	横山达三	1906年5月	（不明）
（不明）	多田纲宏	1906年5月	（不明）
（不明）	田中留之助	1906年5月	（不明）
日语	井上翠	1906年5月	（不明）
（不明）	藤川勇吉	1906年5月	（不明）

续　表

职务名称或负责学科	姓名	就职年月	辞职年月
英语	Wolf	1906年5月	1906年7月
（不明）	野崎常义	1906年5月	1906年7月
（不明）	地畠竹三郎	1906年5月	1906年8月
（不明）	小原峰太郎	1906年6月	（不明）
（不明）	谷了悟	1906年6月	（不明）
（不明）	富永甾男	1906年6月	（不明）
（不明）	市川林太郎	1906年6月	（不明）
汉文学	峰间信吉	1906年6月	（不明）
（不明）	荒木竹次郎	1906年9月	（不明）
（不明）	阿倍柳助	1906年9月	（不明）
（不明）	高桥胜	1906年9月	（不明）
（不明）	吉田贞雄	1906年9月	（不明）
（不明）	八坂半六	1906年9月	（不明）
（不明）	小田关太郎	1906年9月	1906年10月
（不明）	高野?	1906年10月	（不明）
（不明）	小泉秀太郎	1906年10月	（不明）
体育	可儿德	1906年10月	（不明）
（不明）	归山信赖	1906年10月	1906年11月
（不明）	西泽勇去智	1906年11月	（不明）
（不明）	楠见?	1906年11月	（不明）
（不明）	小松埔三	1906年11月	1906年11月

注：问号表示字不明。

第三章 宏文学院的留学生教育

1905年,白银分校湖南班学生部长杨明肃申诉英语教师的发音不好且教学水平低,算术教师频繁出现计算错误且教学水平低,所以自己完全无法理解这两个科目的授课内容。另外,他还对随意缺课的教师感到愤慨,并向嘉纳治五郎控诉应更换教师[1]。教师的更替如此频繁,其中肯定有不负责任的教师和能力不足的教师,但并不是所有教师都这样。嘉纳治五郎在当时的日本教育界是举足轻重的人物,也是教师任用的责任人。这样频繁更换肯定不是清政府要求的,而且嘉纳治五郎招聘的是来自东京高等师范学校及附属小学,或者女子大学、东洋大学、东京帝国大学等著名的学者和在职教师。嘉纳治五郎下面的话证实了这一事实[2]:

> 修业年限有长期有短期,时有学生来日不分时节。有时学校做好准备,学生却被私立学校抢走;有时有许多学生归国,导致教员突然失业,学校经营困难。

留学生被其他学校挖走,可以说抢夺留学生的竞争就是如此激烈。加之中途退学回国的留学生,在校学生人数无法固定,学校的经营计划也无法安排。的确,讲道馆收藏的"宏文学院相关史料"中各学科学生人数变化和在校时长表也验证了嘉纳治五郎所言(每个系的学生人数和他们的留学时间见本章末表3-16至表

---

[1] 講道館藏:「宏文学院関係史料」。这封信的年份不详,但日期是10月16日。这封信是由白银十三湖南班部长杨明肃和冯雄宇作为代表共同撰写的。
[2] 嘉納先生伝紀編纂会編:『嘉納治五郎』,講道館1964年版,第189頁。

3-20）。因此,学校的经营形势变得严峻,不得不辞退部分教职员,所以才出现了这样频繁的教职员调动。无论如何,这样的状况给教育一线带来了不小的挑战。

速成师范科的教师有江口辰太郎、棚桥源太郎、中谷延治、大久保介寿、樋口勘次郎、濑户鹤吉、高岛平三郎、波多野贞之助、小泉又一、小山左文二、大桥铜造、稻垣末松等人[1]。我们来看其中特别具有代表性的教师的经历,以及其在宏文学院在职期间的研究和教育活动。

首先,棚桥源太郎负责的是教材编纂法。他担任过东京高等师范学校附属小学训导、东京高等师范学校教授、东京高等师范学校附属东京博物馆主事等。从中能看出其负责的是理科教育。棚桥迅速地引进了欧美的新技术和知识,在理科教学的研究上做出了出色的成绩。1900年他编纂了《小学理科教科书》,次年出版了《理科教学法》。此外,他在宏文学院时发表的《小学各科教学法》,被广泛作为师范学校的教材使用。

樋口勘次郎负责的是教育学,担任东京高等师范学校教师兼训导等。他批判赫尔巴特教学形式阶段论,著有《统合主义新教授法》,作为活动主义教育的提倡者被广为人知。樋口于1900年去往法、德留学,1940年发表《国家社会主义新教育学》,次年发表《国家社会主义教育学本论》。

高岛平三郎负责心理学,在东京高等师范学校、东洋大学、学习院、日本女子大学等校担任过教职。他主要研究儿童学和心理

---

[1] 講道館藏:「宏文学院関係史料」。

学,是儿童心理学者和家庭教育学者,提倡基于儿童本性进行家庭教育。

小泉又一负责学校制度。他担任过东京高等师范学校教授兼附属小学主事,德岛中学、福岛师范学校、和歌山中学教务主任,于1907年就任文部省视学官。1904年在宏文学院任职时著有《普通教育学》《教育心理学》《教育史》,次年撰写《欧美教育的实情》。

波多野贞之助负责教育学。他曾任茨城师范学校、东京高等师范学校教授兼女子高等师范学校教授,东京高等师范学校附属中学主事等职务。他曾在德国耶拿大学留学,师从莱因。莱因是赫尔巴特派的后继者,发展了"作为学科的教育学"。在德国,他受到赫尔巴特教育学说,特别是五段教学法等教育理论的影响,成为日本赫尔巴特学派第一人,于1901年出版《莱茵教育法》,于1907年出版《教育学附学校管理法》。

波多野将他在宏文学院做的"教育学"讲座的内容编辑成了讲义。据说,在清政府的资助下,公费留学生们将宏文学院的讲义笔记印刷出版,并将其分发给准备留学的人。但是,由于讲义中有许多误记和误解,宏文学院便承担起了编辑的责任①。从该讲义中也能看出宏文学院的教育情况。根据讲义可知,波多野花了大量时间在解说"教学论"上,他详细说明了赫尔巴特的五段教

---

① 该讲义由东亚公司出版,主要包括:大橋銅造『各科教授法』、小山左文二『学校管理法』、増戸鶴吉『日本教育制度』、生駒萬次『幾何学』、東野十郎『算術』、立花頼重『代数学』、高橋章臣『植物学』。

学法、教材研究、教材的排列顺序等内容①。这与当时的师范教育内容基本一致。但是，波多野不仅涉及教育技术，还涉及社会教育学理念。他论述道，在当今国际上各国相互对峙且竞争激烈的背景下，国民所从属国家的问题是"国民生存中最重要之要事"，必须要"通过国民使得国家的观点高涨"，将"顺应外界的变化，增进国家的防御力"，维持"国家的独立"作为"教育的目的"②。这一观点基于当时中国所处的国际形势，故采用的教育方法不能与只考虑国内形势而采用五段教学法的日本普通师范学校相同。持有这种想法的不止波多野一人，同样负责教育学的江口辰太郎的想法也是如此。江口认为必须考虑到"激发"中国国民的"爱国精神"，他阐述了儿童教育的重要性，为此"首要的是对儿童进行教育，应使其知晓社会上一切与自己密切相关的事情"③。江口和波多野教授的内容都是重视心理学和道德观的赫尔巴特教育学，特别是江口，他认为中国儿童的公德观念有很大的缺失，赫尔巴特教育学对培养公德观念成熟的社会性人类能起到辅助性的作用④。而留学归国的宏文学院毕业生也将赫尔巴特教育学在中国国内推广开来⑤，

---

① 蔭山雅博：「宏文学院における中国人留学生教育—清末期留日教育の一端—」，『日本の教育史学』1980年第23号，第75頁。
② 蔭山雅博：「宏文学院における中国人留学生教育—清末期留日教育の一端—」，『日本の教育史学』1980年第23号，第75頁。
③ 蔭山雅博：「宏文学院における中国人留学生教育—清末期留日教育の一端—」，『日本の教育史学』1980年第23号，第75頁。
④ 蔭山雅博：「宏文学院における中国人留学生教育—清末期留日教育の一端—」，『日本の教育史学』1980年第23号，第75頁。
⑤ 陈学恂主编：《中国近代教育史教学参考资料》上册，人民教育出版社1986年版，第678—679页。

可以说它受到了留学生们的欢迎。

宏文学院速成科在教授这些课程时配有翻译。虽然由于语言问题多少会造成一些困难,但日本的代表性教育理论学者传授给留学生的是最前沿的教育内容,因而不能简单地认为速成教育的教育质量自然就低。我们甚至可以说宏文学院实行的是高水准的教育。在1903年发行的《浙江潮》第7期中,有篇文章是关于留学生对宏文学院速成师范科的描述[1]:

> 去年宏文学院设速成师范科,授课时配有翻译,无须通日语。教员皆为有名的教育家,讲义内容为教育学及学校管理法。一周中,一两日参观男女各学校或幼稚园。6个月即毕业。没有比之更短者……另有师范科修学期限分别为9个月、1年及1年半。

从上述描述中能感受到,他们将不用学习日语,且能够在短时间内从名师那里接受高水准的专业教育视为优点。

据吕顺长所言,以宏文学院为首的归国留学生中从事教职的人,不仅给中国的学生带来了新知识和新思想,也影响了学风的形成[2]。此外,他们还努力地传递在日本留学时所学的新知识。在当时,如果学堂里没有教材和教具,他们就会自己编写、制作,就连动植物的标本都是与学生一起制作的[3]。

---

[1] 実藤恵秀:『増補 中国人日本留学史』,くろしお出版1970年版,第593页。
[2] 吕顺长:《清末浙江与日本》,上海古籍出版社2001年版,第116—117页。
[3] 吕顺长:《清末浙江与日本》,上海古籍出版社2001年版,第116—117页。

对当时的中国来说,新的教材、教具很少见。回国留学生率先举办展览会,致力于振兴教育。据直隶学务处严修给嘉纳治五郎写的信所说,宏文学院毕业生邓庆澜为了举办展览会,特地到日本购买教具、图画和书籍[①]。邓庆澜在家乡的小学里任教,据说到日本后,带上司教务主任陈宝众一同拜访宏文学院,并受到了恩师棚桥源太郎的指导[②]。值得注意的是,这些留学生在毕业后一直和日方学校保持着交流,继续接受指导。此外,宏文学院的毕业生钱用中被委派到中国云南省的学务公所任职,云南省的教育大多是由钱用中规划的[③]。

当时,中国教育视察官来到日本,参观了宏文学院速成师范科和日本的学校,对日本的教育方法给予了很高的评价。速成师范科的留学生利用在日所学,回国后为近代教育的发展做出了重要贡献。

本章通过宏文学院论述了日本留学的特质——速成教育和普通教育的教育实态。值得注意的是,速成教育的课程配有翻译,而普通教育的课程采用的是全日语沉浸式教育。

在普通教育中,留学生普遍觉得那些需要逻辑思维的科目学习起来困难,比如算术,这主要是因为留学生在中国接受的是科举应试教育。此外,语言的影响也较大。因此,教师和留学生虽深感困难,但仍致力于解决难题。基于这种情况,为了减轻留学生的负

---

① 講道館蔵:「宏文学院関係史料」。这是直隶学务处严修给嘉纳的信,日期是农历八月二十二日。
② 講道館蔵:「宏文学院関係史料」。
③ 尚小明:《留日学生与清末新政》,江西教育出版社2003年版,第55页。

担,宏文学院把课程时间侧重分配在他们不熟悉和不擅长的科目上。若不分析首批留学生的教育信息,就无法做出这样的安排。从中可见宏文学院对留学生的细致关怀。普通教育虽然困难重重,但从学生的升学率可以看出其还是收到了一定的教育成效。

宏文学院投入精力最多的是速成师范科。一方面,嘉纳治五郎利用自己的人脉,聘用多位名师。另一方面,学院教师更替频繁,且部分教师教学水平低下、不负责任。但是,宏文学院传授的是日本最前沿的教育内容,因此一直以来认为留学生教育质量问题在于教育内容的结论也站不住脚。此外,速成师范科毕业的留学生回国后活跃于各地,打下了中国近代教育的基础,从这点来看还是值得给予速成教育一定程度的肯定的。

嘉纳治五郎的确为了中国快速近代化,整合出了尽可能好的资源来接收留学生。留学生也对首次接触的近代教育感受到了许多困惑。两者一直以来都在摸索前进,虽然有许多曲折,但是作为第一次进行留学生教育,笔者认为还是值得给予肯定的评价。

表3-16　日语及普通科的学生数量变化与在校时长[①]

毕业年月	1903年7月	1904年3月	1905年6月	1905年7月	1906年1月	1906年3月	1906年5月	1906年6月	1906年9月
在校时长	1年1个月	11个月	2年3个月	2年4个月	2年10个月	1年10个月	1年1个月	1年11个月	1年
在校学生数	10人	19人	36人	23人	10人	19人	1人	7人	4人

[①] 表3-16至表3-20由笔者根据讲道馆收藏的《宏文学院一览》(1906年10月末调查)制作而成。

表3-17　速成师范科的学生数量变化与在校时长①

毕业年月	1902年10月	1902年12月	1903年2月	1903年12月	1904年3月	1904年7月	1904年12月	1905年2月
在校时长	6个月	6个月	8个月	10个月	9个月	10个月	7个月	11个月
在校学生数	18人	45人	15人	26人	47人	43人	10人	57人
毕业年月	1905年2月	1905年7月	1905年7月	1905年7月	1905年10月	1905年10月	1905年11月	1905年11月
在校时长	10个月	1年1个月	1年1个月	1年1个月	1年1个月	7个月	9个月	1年1个月
在校学生数	38人	57人	62人	65人	54人	82人	49人	53人
毕业年月	1905年11月	1906年3月	1906年3月	1906年5月	1906年6月	1906年7月	1906年9月	1906年10月
在校时长	1年1个月	9个月	9个月	10个月	9个月	10个月	8个月	1个月
在校学生数	73人	30人	37人	51人	98人	34人	74人	106人

表3-18　速成理化科的学生数量变化与在校时长

毕业年月	1904年9月	1904年10月	1905年10月	1906年5月	1906年5月	1906年7月	1906年10月
在校时长	11个月	11个月	1年	1年	1年	1年2个月	6个月
在校学生数	5人	24人	64人	5人	32人	49人	11人

① 表3-17与表3-18中分别存在毕业年月相同的情况,原文如此,引者照录。(译者注)

表3-19 速成学校音乐科的学生数量变化与在校时长

毕业年月	1905年6月
在校时长	4个月
在校学生数	3人

表3-20 速成警务科的学生数量变化与在校时长

毕业年月	1903年5月	1906年5月	1906年10月	1906年10月
在校时长	1年6个月	6个月	7个月	7个月
在校学生数	27人	147人	104人	135人

第四章

近代日语教育的产生及其对留学生的影响

对于留学来说,最重要的莫过于"语言"。这里的"语言",特指留学目的国的"语言",是日常生活中不可或缺的。

　　在19世纪末以前,日语教育的主体是母语不是日语的外国人,主要内容是学习日语、从事日语研究。如16世纪末至17世纪初,天主教传教士们为展开传教活动而进行日语学习与研究等。1895年,甲午战争后,日本占据台湾,在台湾推行殖民教育。日语教育作为日本的国家战略目标之一在台湾正式推行。也就是说,日语教育摇身一变,日本人成为教授日语的主体,这便是近代日语教育的开端。

　　以第二批讲习员的身份来到台湾执教的山口喜一郎,以桥本武的"古安系列教学法[①]"为基础,形成了一套独特的教学方法——日语教学直接法,在台湾当地颇具盛名。与此同时,日本国内的日语教育主要面向从中国大陆来的留学生,其运用的教学法与面向其他地区的留学生的教学法不大相同。尤其是嘉纳治五郎,他创办的宏文学院有清末留日学生大本营之称。学院里的日语教师三

---

① 山口喜一郎等人改进并应用了弗朗索瓦·古恩(François Gouin,法国人)提出的"外语教学应该在没有语法规则解释、没有翻译帮助的情况下进行。通过与日常情境相关的有趣活动、感官、视觉学习,在生活中运用语言应该成为外语教学的中心"的教学方法,并在中国台湾付诸实践。详细内容可参考関正昭、平高史也編:『日本語教育史』,アルク1997年版,第42—43,66—67頁。

矢重松和松下大三郎后来成为研究日语语法的知名专家,松本龟次郎则成为中国留学生教育第一人。毋庸置疑,他们不仅对后世的日语教育,也对日语语法产生了重要影响。遗憾的是,以往研究主要以教材理论作为切入点,在通用语尚未规范的情况下,选择哪种日语、如何教学,以及怎样准确把握留学生的日语学习观念等问题则被忽略了。笔者将解析这些问题,以期对明治时期近代日语教育的细枝末节窥探一二。

因此,本章将对讲道馆收藏的宏文学院日语教育第一手史料进行分析,考察明治时期日本近代日语教育的形成与发展,以及其对留学生的影响。

第一节　日语教师队伍

笔者在第三章已论述,据讲道馆保存的资料统计,宏文学院成立后,仅1902—1906年就有包括院长在内的259名专业教师,其中日语教师最多,主要有三矢重松、难波常雄、松下大三郎、柿村重松、松本龟次郎、唐木歌吉、臼田寿惠吉、井上翠、金太仁作、唐宝锷等,后来还加入了小山左文二、门马常次、菊池金正等教师。那时,日本国内的日语教育事业刚刚起步,相关专业的教授、专家寥寥无几。而宏文学院这些教师大多是语言学、教育学、汉语领域的专家,抑或是宏文学院的毕业生,因而他们来负责日语教学工作。

得益于校长和师资等有利条件,宏文学院编辑出版了多种日语教材,以下记载的作者及所著书籍,曾隶属宏文学院及其他留学教育机构(见图4-1、图4-2和图4-3)。与其他学院相比,宏文学院的日语教师队伍非常完备,力量也可谓雄厚,无论是在数量上还是在质量上都遥遥领先。

*宏文学院

唐宝锷、戢翼翚《东语正规》（作新社,1900年）

宏文学院编著《日本语教科书第1卷 口语语法用例（下）》（金港堂书籍,1903年）

松本龟次郎《言文对照汉译日本文典》（中外图书局,1904年）

宏文学院编著《日本语教科书》第1—3卷（金港堂书籍,1906年）

金太仁作《东语集成》（出版者不详,1906年）

唐木歌吉著,王盛春译《中日对照实用会话篇》（中东书局,1906年）

菊池金正《汉译学校会话》（伊藤岩治郎,1906年）

小山左文二《汉文注释东文读本》（三松堂,1906年）

小山左文二《文法适用东文教科书》（三松堂,1906年）

门马常次《文法应用 东文汉译轨范》（东亚公司,1906年）

佐村八郎《汉译日本语典》（六盟馆,1906年）

难波常雄《汉和对照 日语文法述要》（观澜社,1906年）

难波常雄《日本读书作文辞典》（东方社,1909年）

松下大三郎《汉译日语阶梯》（诚之堂,1906年）

松下大三郎《汉译日本口语文典》（诚之堂,1907年）

井上翠《东语会话大成》（国文堂书局,1907年）

小山左文二《汉译对照日语读本》（三松堂,1907年）

松本龟次郎《日语日文教科书》（出版者不详,1907年）

*法政大学清代赴日留学生法政速成科、普通科

井上友吉《中国人适用 日本语典》(青山堂,1905年)

萩原敬之《法政大学 日语读本入门》(出版者不详,1907年)

萩原敬之《法政大学 日语读本》卷1(出版者不详,1907年)

*振武学校

振武学校《日本语会话教程》(出版者不详,1906年)

振武学校《日本言文课本》卷1(泰东同文局,1906年)

振武学校《汉译 日本言文课本》(泰东同文局,1906年)

岸田莳夫《中日对译 实用日语语法》(明文堂书房,1906年)

*经纬学堂

经纬学堂《甲种 日语读本》卷1(出版者不详,1907年)

*早稻田大学

大宫贯三《日语活用方法》(早稻田大学出版社,1907年)

图4-1 《日本语教科书》第1—3卷

(国学院大学图书馆收藏)

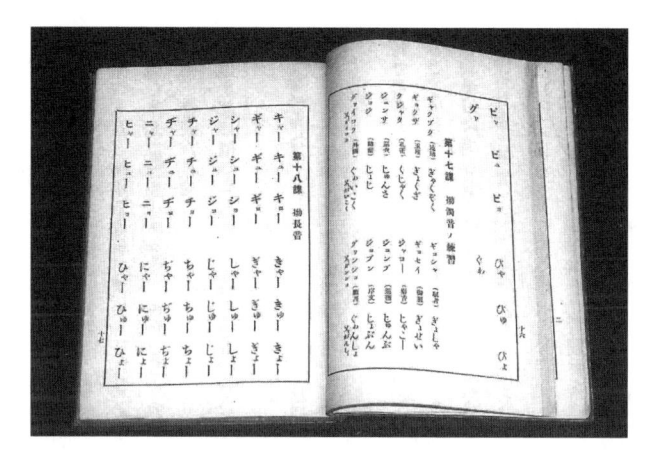

第四章　近代日语教育的产生及其对留学生的影响

图 4-2 《日本语教科书》第 17 课和第 18 课

（国学院大学图书馆收藏）

图 4-3 《汉译日语阶梯》

（国学院大学图书馆收藏）

第二节　宏文学院编写的《日本语教科书》(第1—3卷)

一、基本结构

宏文学院汇编的《日本语教科书》具有特别的意义,它是专门为中国留学生编写的。1906年,该书由金港堂书籍发行,以三矢重松、松本龟次郎为主,唐木歌吉、臼田寿惠吉、小山左文二、门马常次、松下大三郎等人组成的日语教学研究会是编写《日本语教科书》的核心力量。该书可以说是宏文学院集体智慧的结晶。

《日本语教科书》一书共3卷,其中第1卷86课、第2卷42课、第3卷59课。在当时,速成教育是留学生教育的主流,不可能在短时间内上完书中所有内容。既然如此,为何编者这样安排呢?从《日本语教科书》出版后销售的情况来看,大概是想方便留学生之外的中国人学习日语。

该书"例言"中讲道,在名词、数词的教学上浪费精力绝非良策,而应合理分配课时,结合语法学习。留学生的学习难点主要在助词、助动词的用法,以及副词、接头词、接尾词等用法上,因此书中列举了诸多例句用于理解[1]。第2卷和第3卷都采取了同样的编写方式,各课的学习内容主要包括整理时态、助词、助动词及复合动词的用法等。这些无不反映了课堂教学中日语学习存在的问题,值得我们肯定。

《日本语教科书》的"例言"中写道:"本书为了方便记忆,采用

---

[1] 宏文學院編纂:『日本語教科書』第1卷,金港堂書籍1906年版,例言第2頁。

第四章　近代日语教育的产生及其对留学生的影响

了大量对话形式。"①这一做法不仅有助于巩固学习,而且能帮助留学生快速适应对话形式。第24课至第26课使用的是片假名,而不是汉字,第27课和第28课则用平假名书写。这大概是想让学生熟记这两种假名而有意如此编排。从后续学习效果来看,这确实是一种行之有效的编写方式。第2卷和第3卷也采取了同样的编写方式。

据吉冈英幸分析,《日本语教科书》这套教材采编的语法条目,与现代基础日语语法内容的重合率有86%②。在"二战"前出版的诸多日语教材中,达到这一程度的寥寥无几。作为日语语法综合教材,这套书系统而完整,说其奠定了日本日语教育的基础也不为过。

二、重视发音教学

值得注意的是,在第1卷中,第1课"片假名与五十音图"至第23课"数字"均是与日语发音、假名书写、数字学习等相关的内容。尤其是发音这块,篇幅甚多,贯穿第4—22课。宏文学院对发音教学之重视可见一斑。此外,像ナ行与ラ行(第5课)、マ行与バ行(第10课)这样的发音,于中国人而言较难准确把握,因此编者在编写时采用了最小对立体(minimal pair)③练习法。如下所示:

---

① 宏文学院編纂:『日本語教科書』第1卷,金港堂書籍1906年版,例言第2頁。
② 吉冈英幸:「松本亀次郎編纂の日本語教材—語法型教材を中心に—」,『早稲田大学日本語教育研究』2005年第6号,第26頁。
③ 据高見澤孟監修:『はじめての日本語教育:基本用語事典』,アスク講談社1997年版,第68頁,最小对立体即"用于查看语言中是否存在语音差异的两个词"。例如,「かく」与「さく」相比,「く」的部分相同,但通过「か」与「さ」的不同可区分「書く」与「削く」的不同。这样一对仅在一个地方不同的词(「かく」和「さく」)被称为最小对立体。

ハナ(花)　ハラ(腹)　ワラ(藁)　クニ(國)　クリ(栗)①

"假名之发音,何为最难?"针对留学生提出的问题,松本龟次郎做出如下回答:

　　在假名的发音中,难点在于「なにぬねの」与「らりるれろ」的发音区别。几乎人人可准确发出「らりるれろ」的音调,但在发「なにぬねの」的音时,易和「らりるれろ」混为一谈,难以准确把握。②

即便到了如今,只要有日语教学经验的人都不难发现,中国日语学习者,最苦恼的莫过于ナ行与ラ行的发音,松本龟次郎亦是从宏文学院的课堂教学实践中得出此结论。早在明治时期宏文学院的教师就在"误用订正法"中采用最小对立体这一方法,着实令人惊讶。

三、例句

在语言教学中,例文的作用不可忽视,其编写亦是一个重要课题。例文的选材须来源生活,贴近实际。《日本语教科书》的例文与对话大多与当时日本社会的日常生活、学校生活、时事、留学生管理、名胜古迹等相关。例如,在第1卷第65课中有以下例文:

---

① 宏文学院编纂:『日本語教科書』第1卷,金港堂書籍1906年版,第5頁,第9—10頁。
② 日文研究社編集部編:『日文研究』,日文研究社1935年版,第15—16頁。

第四章　近代日语教育的产生及其对留学生的影响

　　外國ノ留學生ガ　高等學校ヤ　大學ニ　入ラウトスル時ハ　ドンナ規定ニ　據ルノデスカ。(外国留学生进入高中、大学时，需遵守什么规定？)

　　ソレハ　明治三十四年十月ノ　文部省令第十五號ニ　特別ナ規定ガ　設ケテアリマスカラ　ソレニ據ッテ簡便ニ　入學スルコトノ　出來ル樣ニ　ナッテ居リマス。(因明治34年10月文部省令第15号特殊规定，据此可简便入学。)①

文部省令第15号即《文部省直辖学校外国人特别入学规定》②连文部省颁发的章程都放进例文，这在日语教科书中很少见。这大概是为了留学生、宏文学院毕业生，以及今后想赴日留学的人而特意编写的。

在第3卷第5课和第1卷第63课中有如下例文：

第3卷第5课③

　　留學生ノ中ニハ、修業ノ傍　教科書ヲ　飜譯シタリ或ハ　夜學ノ通譯ナドニ　出タリ　シテ居ル者ガ　幾ラモ　アル相デス。(留日生中，修业学习之余，或译教科书，或入夜校当译者。)

---

① 宏文学院編纂:『日本語教科書』第1卷，金港堂書籍1906年版，第101頁。
② 日本政府允许外国学生进入其直接管控的学校的首条规定。
③ 宏文学院編纂:『日本語教科書』第3卷，金港堂書籍1906年版，第17頁。

137

第1卷第63课①

此の本は 何處の本屋で 御買ひなさいましたか。(此书购于何处书店？)

此の本は 神田區裏神保町の 三省堂で 買ひました。(此书购于神田区里神保街的三省堂。)

此の筆は 何處の筆屋で 御買ひなさいましたか。(此笔购于何处笔屋？)

此の筆は 神田區今川小路の 玉川堂で 買つたのです。(此笔购于神田区今川小路的玉川堂。)

あなたの 洋服は 何處の洋服屋で お拵へなさいましたか。(你的西服于何处衣铺缝制？)

私の洋服は 神田區鍛冶町の尾張屋で 拵えました。(我的西服于神田区锻冶街尾张衣铺缝制。)

当时的留学生一到日本,或从事翻译工作,或因求学而奔波于多所学校之间。所以上述例句可以说反映了这一现实情况。另外,考虑到实际情况,例文中加入了诸多与留学生活相关的话题,如留学生生活的地区神田。如前所述,编写例句须贴近实际、来源生活,与周边环境息息相关。有过教学经验的人都不难发现,采用实用性较强的词语,会有效提高留学生的学习积极性。显然,教材

---

① 宏文学院编纂:『日本語教科書』第1卷,金港堂書籍1906年版,第90—91頁。

第四章　近代日语教育的产生及其对留学生的影响

编写考虑到了当时留学生的生活环境,这值得我们肯定。

也许是受到甲午战争、日俄战争的影响,书中还收录了一些与军事活动有关的词语、表达等。例如,在第2卷第42课中有以下例文:

> 敵の俘虜とはいひながら　矢張り　祖國のために戰った　忠勇な軍人ですから　假初にも　輕蔑の風を見せてはいけません。(今虽敌之虏,然为国而战,为忠军勇士,不可妄自轻言之。)①

这里的例句有如下背景。在日俄战争中,日本对抓获的俄国战俘予以优待,通过设立战俘营和海外文宣,在西方列强中塑造了文明日本的形象。此举目的是想借此向留学生宣传,还是想让留学生向日本学习呢? 在第2卷第39课中有以下例文:

> 若シ　講和ガ　成立シナカッツタラ　哈爾賓ドコロカ　露西亞內地マデモ　攻メ込ム積リデシタウ。(如议和不成,哈尔滨自是如此,俄国内陆亦被攻破。)②

在第2卷第37课中有以下例文:

---

① 宏文学院编纂:『日本語教科書』第2卷,金港堂書籍1906年版,第155頁。
② 宏文学院编纂:『日本語教科書』第2卷,金港堂書籍1906年版,第145頁。

どうせ 一度は 死ぬものですから 戦場で 花々しく討死するのが 男子の本望です。(人生自古谁无死？于战场之壮烈牺牲，男子本分也。)①

大多留学生正值华年，处于思绪万千、多愁善感的年龄段。《日本语教科书》虽是一本语言教科书，但留学生们对书中的这些例文感到不快，内心深处或许还会萌生出民族主义的思想。上述第2卷第37课等就是思想层面的内容。谈到思想，在第1卷第80课、第3卷第6课中有以下例文：

第1卷第80课②

近頃ハ 兎角 男性的ノ女ガ 多クッテ イケナイガ 女ハ 矢張 女ラシクナクテハ イケマセン。(近来，男性化倾向的女性甚多，不过女人还是要有女人味。)

處ガ アベコベニ コスメチックナド ベタベタニ附ケタ女性ラシイ男子ガ 殖エテ来タノハ 實ニ 慨嘆デス。(到处是油头粉面、阴柔的男性，实在令人唏嘘不已。)

第3卷第6课③

アノ女學生ハ 女ノ癖二 酒ナド 飲ンデ 男女同權

---

① 宏文学院编纂：『日本語教科書』第2卷，金港堂書籍1906年版，第134頁。
② 宏文学院编纂：『日本語教科書』第1卷，金港堂書籍1906年版，第151頁。
③ 宏文学院编纂：『日本語教科書』第3卷，金港堂書籍1906年版，第20頁。

第四章　近代日语教育的产生及其对留学生的影响

論ヲ　饒舌リ散シテ居マス。(该女学生身为女子,竟推杯换盏,阔谈男女平等论。)

有趣的是,当时社会确实存在爱打扮、涂脂抹粉的男性。此外,从这些例文中也可看出,当时的日本社会男尊女卑观念根深蒂固。放到现代社会来看,可能会演变成性别歧视等问题,但同时也反映了当时社会的性别意识形态。关正昭曾说,松本龟次郎在编撰教科书时,并未涉及与国家体制、思想文化相关的内容[①],但从目前所见的例文来看,此说法未免过于绝对。

第1卷第70课和第2卷第38课中有以下例文：

第1卷第70课[②]
私は　今日　用事が　ありますから　外出したひと思いますが　勝手に　出て　宜しうございますか。(我今日有要事在身,想外出,可否出去?)
イイエ。學生監の許可を　受けなければいけません。(不行,须经学生监督员许可,方可外出。)

第2卷第38课[③]
先達の騒動このかた　どうかすると　直ぐに　嫌疑

---
① 関正昭:『日本語教育序説』,スリーエーネットワーク1997年版,第144頁。
② 宏文学院編纂:『日本語教科書』第1卷,金港堂書籍1906年版,第121頁。
③ 宏文学院編纂:『日本語教科書』第2卷,金港堂書籍1906年版,第138頁。

141

を 受けます。(历经诸多麻烦事,如果我们不小心,很快便会被怀疑。)

　　我々の同窓は そうかすると 二派に分れて 互に反目する 傾きが あって 困ります。(吾之同窗,动辄分两派,有相互敌对倾向,着实令人困扰。)

1905年11月2日,日本文部省颁布了《留学生取缔规则》("取缔"乃沿用日文,意为管束),立刻在中国留学生中掀起轩然大波。他们纷纷扔下课本,冲上街头,举行了一场声势浩大的抗议活动。主要包括成城入学事件[①]、各种革命活动、内部斗争、学生运动等,每次都会引来警察镇压,学生罢课、退学。这些学生中,有很多人无心恋学、经常旷课。上述例文旨在告诫留学生不要效仿他们的做法,体现了宏文学院对学生的管理理念。

在第1卷第70课中还有以下例文:

　　あなたは 近頃 一向 同郷會へ 御出席でございませんか もうすこし 身を入れて 戴かなければ 困ります。(你近日甚少出席同乡会,你不多来参加,我们也很难办。)

　　私も もうすこし 盡力しなければならんのです

---

① 成城学校入学事件:1902年,9名自费留学生试图进入陆军士官学校的预备校——成城学校,但驻日公使蔡钧拒绝在入学证书上盖章,学生们赶到公使馆抗议,蔡钧让日本警察拘留了这些不肯撤退的学生。日本媒体也报道了这一事件,他们大多同情留学生,谴责蔡钧和日本警察。

第四章　近代日语教育的产生及其对留学生的影响

が　肝腎な学業の方が　此の頃中眞に　忙しかったので幹事會にも　二三回　ご無沙汰をして　済みませんでした。(我确实应多花费精力,奈何学业繁重甚是忙碌,缺席两三回,恳其见谅。)①

清末留日学生中存在着严重的以地缘情结为基础的省界观念。例如,湖南省、四川省、湖北省等同乡会,都是按照省籍组建的乡谊性组织。各省同乡会成立后,很快开展了各种有声有色的活动。从此例文可知,也有无法兼顾乡会活动与学习的留学生。

在例文的编写上,虽说体现了社会特征与政治形势,但字里行间总隐隐流露出一股优越感。大概是因为日本近代化的成功,由此产生的傲慢。但总的来说,日本人在例文的编写上充分反映了时代背景,满足了学习者的探究之心。此外,我们从中还可以清晰地感受到宏文学院对中国留日学生的教育理念,而且这些例文涉及留日学生的方方面面,其史料价值不言而喻。

四、教科书编写中的"东京话"

作为日语教育基石的《日本语教科书》,在编写过程中也遇到了不少困难。

首先,当时日本使用的语言是"口语体"。松本龟次郎也曾说过,当时的口语语法书、词典等都是面向日本人的,且并不由从事日

---

① 宏文学院編纂:『日本語教科書』第1卷,金港堂書籍1906年版,第122—123頁。

语教育的人员编写,书中关于例文的分类也不详细[1]。其次,通用的标准语亦尚未规范。面临如此境况,如何选择适用的口语体便成了一个问题。《日本語教科书》的"例言"中写道:"本书将东京话作为标准。"[2]众所周知,明治维新后,江户更名为东京,继而发展成日本政治、经济、文化等众多领域的枢纽中心。与此同时,东京话取代京都话在全国范围内普及开来,这是日语发展史上的巨大变革。下町话即东京方言(居住在商业手工业者居住区、平民住宅区、东京低洼地区的庶民的语言),成为通用语基础的东京话则是山手话(居住在高台地区的东京官员和上班族的语言)。松村明认为,东京话的形成和发展可以划分为以下5个阶段[3]:

第一阶段:形成时期(1868年初至1877年)。

第二阶段:确立时期(1888年初至1912年)。

第三阶段:完成时期(1912年初至1923年9月关东大地震)。

第四阶段:第一个转换期(1923年关东大地震至1953年8月朝鲜战争结束)。

第五阶段:第二个转换期(朝鲜战争结束后至今)。

清末留学生赴日时刚好赶上第二阶段——确立时期。也就是说,在《日本語教科书》中,使用的主要是第一阶段和第二阶段的东京话。

---

[1] 松本亀次郎:「隣邦留学生教育の回顧と将来」,『教育』1939年第4号,第53頁。

[2] 宏文学院編纂:『日本語教科書』第1卷,金港堂書籍1906年版,例言第3頁。

[3] 松村明:『増補　江戸語東京語の研究』,東京堂出版1998年版,第87頁。

第四章　近代日语教育的产生及其对留学生的影响

在第一阶段形成时期,即明治维新后不久,受到从外地迁入东京的移居者的语言,以及英语表达(如被动形式等)、翻译汉语等的影响,语言统一的时机日渐成熟,"言文一致"确立,东京话也大体成形。在学校里亦掀起了普及东京话的热潮。1900年的《小学令》规定如下：

> 国语为普通言语,日常须知之文字及文章,培养正确表达思想之能力,兼启发德智。国语应以此为要旨。①

但是,这条规则的编写者泽柳政太郎有以下论述：

> 国语科之普通文,其范围该如何界定？此为一问题。法令上未对何为普通文有正确界定,只能以普通文称之。②

据小笠原拓的说法,当时日语尚未完成统一,存在各种文体,无法确立"普通文"③。另外,1911年《关于口头语书信文的调查报告》的"例言"中也记载了以下内容：

---

① 文部省内教育史編纂会編：『明治以降教育制度発達史』第4卷,教育史料調査会1938年版,第61頁。
② 瀧川重義速記：「文部省普通学務局長澤柳政太郎君の談」,『日本之小学教師』1901年第25号,第2頁。
③ 小笠原拓：『近代日本における「国語科」の成立過程—「国語科」という枠組みの発見とその意義—』,学文社2004年版,第112—113頁。

标准文,以及课堂上的教师用语中都杂有方言,学生成绩因之屡屡无法认可。毕竟现今日语教育标准语之东京语研究仍远远不足。[1]

在当时,一般的口语和日语读本中的口语不仅包含东京话,也吸收融入了大量方言、书面语,因此能够准确理解东京话的人并不多。

这在宏文学院成为一个争论的焦点。彼时,通用语尚未规范,学院面临如何选择合适的日语来教留学生的难题。在编写教科书的过程中,一些编写者提出使用混杂大量文言、方言的东京口语[2]。考虑到宏文学院的大多数日语教师来自乡村,有这样的想法也是理所当然的。

最终,《日本语教科书》中没有收录过多的文言、方言,而是采用了折中方案,例如第1课和第73课中出现了「私は 日本文で 手紙が 書くことが出来る」「私は 日本文で 手紙が 書かれる」「私は 日本文で 手紙が 書ける」等可能形式[3]。而在东京话中,可能形式通常用「書くことができる」或「書ける」来表达。尤其是「スルコトガデキル」的形式,从1877年左右便出现在山手话中,但到了1887年「スルコトガデキル」之类的可能形态才被广泛使用[4]。

---

[1] 国語調査委員会編纂:『口語体書簡文に関する調査報告』,1911年版,例言第2頁。
[2] 講道館蔵:「宏文学院関係史料」。
[3] 宏文学院編纂:『日本語教科書』第1巻,金港堂書籍1906年版,第129頁。
[4] 田中章夫:『東京語——その成立と展開——』,明治書院1883年版,第138頁。

第四章　近代日语教育的产生及其对留学生的影响

「書く」后加可能形的助动词「れる」，变为「書かれる」，这并不是东京话的表达形式。也就是说，以松本龟次郎等人为核心的《日本语教科书》编写委员会在编写教材时，虽然以东京话为基础，但也融入了其他的语言体系，这是一个值得探究的点。大正时期，日本国语调查委员会颁布了《口语法》，里面记载了对可能形式的描写，如「書かれる」的可能形式为「れる」「られる」[①]。此时，日本国语调查委员会确定了口语的基调，以东京方言为基准，适当采用地方方言。之后的口语文典也沿袭了这一做法。据松村明的研究结果，作为口语的通用语与东京话有着不同之处，前者是作为独立语言而建立的[②]。明治时期，因为需要教授中国留学生日语，所以宏文学院比日本国语调查委员会更早注意到语言规范的重要性。可以说，清末赴日留学生是促进近代日本通用语、口语形成的功臣。

编委会在选用东京语时规定："不得使用粗俗的语言和带有浓重口音的方言。"[③]因为明治以后把山手话敬体的推测表达如「デセウ」「ナイデセウ」（第1卷第78课）等列为学习内容[④]，所以可以认为《日本语教科书》的编写摒弃了下町语，以山手语为主。但是，编委会在编写时依旧采用了下町语，例如『ナスッテ下サイ』『ナスッテ』東京語ナレドモ余ハ『ナサッテ』トシタシ」「オトッツ

[①] 文部省：『口語法』，大日本図書1916年版，第64頁。
[②] 松村明：『増補　江戸語東京語の研究』，東京堂出版1998年版，第105—106頁。
[③] 宏文学院編纂：『日本語教科書』第1卷，金港堂書籍1906年版，例言第3頁。
[④] 宏文学院編纂：『日本語教科書』第1卷，金港堂書籍1906年版，第146—148頁。

アン(父)、オッカサン(母)をオトーサン、オカーサント改メタシ」等①。对此,一部分编写人员表示不满,因为这些都是典型的下町语(平民用语),而且当时人们普遍认为下町语充满"粗野、鄙俗"之风。但最终这些用语仍被收录到教材之中②,主要原因可能在于生活在下町地区神田三崎町一带的留学生甚多,为了照顾他们而特意保留这些用语。

东京话的特征之一就是其带有所谓的翻译腔。这在《日本语教科书》中也有所反映。例如,表示比较的助词「ヨリ」[第1卷第53课「金剛石ハ 鐵ヨリ 固イ」③(金刚石比铁更硬)]、「的」[第1卷第80课「近頃ハ 兎角 男性的ノ女ガ 多クッテ イケナイガ 女ハ 矢張 女ラシクナクテハ イケマセン」④(近来,男性化倾向的女性甚多,不过女人还是要有女人味)]等。⑤飞田良文将「ヨリ」作为明治时期学习英语的知识分子创造出来的新词,于19世纪末20世纪初推广使用⑥。"的"本来是宋元时期的俗语,1868年以后,开始用于翻译英语中具有后缀「-tic」的形容词。另外,在《日本语教科书》第1卷第80课中,也有关于「-tic」的例句,如:「處ガ アベコ

---

① 講道館藏:「宏文学院関係史料」。
② 宏文学院編纂:『日本語教科書』第2卷,金港堂書籍1906年版,第89頁。「今晩私の宅で同級會を開く筈ですからあなたにも是非御出席なすって下さい。」(今天晚上我准备在我家举办一个同学聚会,希望你能参加。)『日本語教科書』第1卷,金港堂書籍1906年版,第53頁。
③ 講道館藏:「宏文学院関係史料」,第71頁。
④ 講道館藏:「宏文学院関係史料」,第150頁。
⑤ 飛田良文:『明治生まれの日本語』,淡文社2002年版,第166頁。
⑥ 飛田良文:『明治生まれの日本語』,淡文社2002年版,第172頁。

ベニ コスメチックナド ベタベタニ 附ケタ女性ラシイ男性ガ殖エテ来タノハ 實ニ 慨歎デス」①（到处是油头粉面、阴柔的男性，实在令人唏嘘不已）。

正如土屋信一所指出的，东京方言中被动表达发展十分迅速。特别是自1887年左右开始，「～と考えられる」「～が期待される」「～が行われる」「望まれる」等接近自发、中态表达②的被动形式尤为突出③。这些是翻译表达，它们用于要求或规范他人的行动，并具有客观性、不确定性等特点，常被日本官吏、教师使用。那么为何宏文学院在编写《日本语教科书》时没有采用呢？原因在于，使用模棱两可的表达方式是日本人特有的语言表达习惯。书中如果吸收了这些表达方式，那么对留学生来说，此番赴日不仅是学习日语，或许还会加深对日本文化的理解与探究。

在当时的市井口语中，通用语尚未确立，直到1909年以后，面向日本人的口语词典才正式出版。尽管如此，宏文学院编写的《日本语教科书》还是在一定程度上促进了标准日本语的形成。由此看来，中国留学生的日语教育比普通日本人更早、更正式。

五、留学生教育对日语语法的影响

三矢重松、松下大三郎是宏文学院的教师。二人致力于留学

---

① 宏文学院編纂：『日本語教科書』第1卷，金港堂書籍1906年版，第151頁。
② "自发"原文为「自発」，"中态"原文为「中相」。"自发"一词指不受外力影响而自然产生。而"中态"一词，根据《日本国语大辞典》，其具体释义为"属于语法用语，是与主动相、被动相并列的相（态）之一，表示动作作用于主语本身，或为了主语本身"。（译者注）
③ 土屋信一：「東京語の成立過程における受身の表現について」，『国語学』1962年第51号，第25—26頁。

生的日语教育,并在此基础上整理了新的日语语法。

三矢重松于1908年出版了名著《高等日语语法》。三矢重松于1899年开始涉足日语教育,当时他在亦乐书院(宏文学院的前身)教授日语。由于三矢重松的日语教学生涯仅有5年,所以一般研究者不考究三矢重松与日语教育的关系[1]。但在这本《高等日语语法》中,有反映日语教育实践的内容,例如成分的省略。以下是典型例文[2]:

(1) 主语的省略

(天氣)好い 天氣です。(天气真好!)

(2) 叙述语的省略

我は 行かむ 君は(行カズヤ)(我去。你不去吗?)

鷲の 宿は(イヅコ)と問はゞ いかゞ 答へむ(若有人问老鹰巢穴在何处,该如何回答?)

(3) 主语与叙述语的省略

(ソレハ)御めでとう (ゴザル)(恭喜你了!)

(4) 宾语的省略

まあ 一服(茶、煙草など)御上がり(来一杯茶或一支烟。)

酒 あらば(ワレ ソレヲ)飲まむ(有酒的话我就喝酒。)

(5) 修饰语的省略

(今日ハ 天氣ガ)お寒う ございます(今天真冷啊!)

西鄉も(エライ)西鄉だが 大久保も えらい(西乡和大

---

[1] 関正昭:「三矢重松・松尾捨治郎と日本語教育」,『中京国文学』1988年第7号,第67—68頁。

[2] 三矢重松:『高等日本文法』,明治書院1908年版,第630—653頁。

第四章　近代日语教育的产生及其对留学生的影响

久保都厉害。)

(6)各种修饰语的省略

馬は 太く 逞しき（馬）が よし(马以结实而粗壮的马为好。)

君(ノ服装）は 洋服 我（ノ服装）は 和服なり(你的衣服是西服,我的衣服是和服。)

在日语中,当说话人认为从语境中听者能理解,也就是谈话者或作者坚信谈话对象对所谈及的情况有一定了解时,经常会省略句子的成分。之所以三矢重松能发现日语省略结构上的特点,将其系统分为6项,是受到了留学生提问的启发（留学生曾问三矢重松日本人无意识进行省略的方法和省略的内容)[①]。山田孝雄的《日本语法论》同样有关于省略的论述。不同的是,山田孝雄是从修辞的角度进行阐述的,与重视实践性的三矢重松形成鲜明的对比。折口信夫在其题为"三矢博士的学风"的演讲中,肯定了三矢重松整理的语法贴近实际的用语,这也是一个佐证[②]。

松下大三郎手握滑翔机和日文打字机2项专利,他还著有《标准日本语》《标准日本口语法》《标准汉文法》3部作品,可谓是与艾弗拉姆・诺姆・乔姆斯基(Avram Noam Chomsky)齐名的语言学界的先驱,在日本近代国语语法学史上有着重要的地位。1905年,松下大三郎应嘉纳治五郎之邀,担任宏文学院的日语教师,自此开始了长达20余年的日语教育事业。

1907年,松下大三郎出版了日语教材《汉译日本口语文典》,

---

① 関正昭:「三矢重松・松尾捨治郎と日本語教育」,『中京国文学』1988年第7号,第70頁。
② 徳田政信:『日本文法論』,風間書房1966年版,第38頁。

该教材提到了"补助动词"这一术语。[1]然而,一般认为"补助动词"这一术语起源于桥本进吉[2],从这里可以知道松下大三郎才是最早提出这一概念的人。

在现代日语教育中,"补助动词"作为词类的一种,在决定句型意义与形式上意义重大,尤其体现在与"体"(aspect)相关的研究上。这是松下大三郎从对学术的前瞻性及日语教育的实践中总结出来的。

此外,松下大三郎很早就提出"关系副词"这一术语[3]。关于

---

[1] 松下大三郎:『漢譯日本口語文典』,誠之堂書房1907年版,第328—356页。该书将动词分为2种:一是自立动词,二是补助动词。自立动词表示自身是发出动作的执行者,能独自成为句子成分,不必附属于别的动词。补助动词自己就表示一个动作,同时辅助其他词语。补助动词用于辅助其他词语,因此与自立动词不同,但毕竟是一个动词,与助动词不同,切勿混淆。在汉语中,"可""能""足""得"等都是补助动词。

[2] 佐藤喜代治编:『国语学研究事典』,明治书院1977年版,第134页。据该书,"助动词"一词首次使用是在桥本进吉1935年出版的《新文典别记(高级)》(『新文典別記　上級用』)中。

[3] 松下大三郎:『漢譯日本口語文典』,誠之堂書房1907年版,第361—365页。该书关于关系副词有如下说明:副词中有一种叫作关系副词。关系副词是将体言与用言连接表示它们之间关系的词,所以放在体言和用言之间。
數年後ニ<u>東京ニ於イテ</u>萬国博覽會ヲ<u>開</u>キマス(几年后在东京召开世博会。)
ア<u>ノ</u>人ハ<u>私ニ取ッテ</u>恩人デ御座イマス(他是我的恩人。)
以上例子中,画双线的是关系副词,关系副词把名词与用言(用单线标记)相联系,表示其关系。
日语的关系副词通常由动词构成。……汉语的关系副词有<u>于</u>、<u>以</u>、<u>与</u>、<u>为</u>、<u>由</u>、<u>征</u>、<u>自</u>等。汉语的关系副词放在名词之前,称为前置词。而日文的关系副词放在名词之后,称为后置词。(上文中的下画线与原文相同。)

第四章　近代日语教育的产生及其对留学生的影响

"关系副词",桥本进吉在1934年将其理解为"相当于助词的连语",永野贤则在1953年将其命名为"复合动词"。由此看来,松下大三郎早在桥本进吉和永野贤之前便提出了这一概念①。

例如,在学习「～について」这个词时,即便说明它是由助词「に」和动词「つく」组合而成的,还是会有人不理解其用法。如果将其理解为"功能语",再从句型角度来说明语义、用法,学习者就较容易理解了。松下大三郎正是从此理论上进行了说明。

松尾舍冶郎对三矢重松和松下大三郎做了如下描述:

> 三矢重松与松下大三郎对语法研究的动机极为相似——教授中国留学生日语。此外,他们两人总是自夸说,我教过的中国人中很多人说的日语比日本人还要正确。②

如此看来,宏文学院的日语教学对日语语法研究产生了重要影响。正因为有这样的教学经验,才能够注意到当时语法学家都没有注意到的地方。

通过中国留学生,日本人对自己的母语进行了重构与分析,从而促进了近代语法研究、日语教育的发展。这正是中日文化相互交流借鉴所带来的累累硕果。

---

① 関正昭:「松下大三郎と日本語教育—『漢譯日本口語文典』の先駆者—」,『中京国文学』1986年第5号,第64—65頁。
② 松尾捨治郎:『国語と日本精神』,白水社1939年版,第245—246頁。

第三节　教学法

一、"改良日语教学法之愚见"

本节将从另一个视角对宏文学院编写的《日本语教科书》进行考察。这本书究竟是用怎样的教学方法进行授业解惑的呢？我们来看一下讲道馆收藏的资料——《关于改良日语教授法之愚见》。毕竟是"愚见"，仅供参考，不能断言其在现实中全都被采用了。其记载如下：

> 应与日语担当以外之诸教员通力合作，不懈怠矫正学生发音及语调不完全之处。
>
> 无论日语教员如何尽力，体育教员仅用"你如何做""好"只言片语来授课，不利于日语教授进步、成绩优良。
>
> 一般而言，非日语教员对学生之理解能力过于杞人忧天，仅用只言片语授课，此乃从事中国留学生教育者之通弊。此时有必要提醒教员不要仅使用只言片语的简单日语。[1]

从中可看出宏文学院对发音的重视，这也是《日本语教科书》的编写方针。据说松本龟次郎的授课方式冲破传统的藩篱，采取了现代重视口语对话的方法，内容极具魅力且富有活力[2]，笔者猜

---

[1] 講道館藏:「宏文学院関係史料」。
[2] 平野日出雄:『日中教育のかけ橋—松本亀次郎伝—』,静岡県出版文化会1982年版,第185—186頁。

第四章　近代日语教育的产生及其对留学生的影响

想实际上也是如此做的。

另外,松本龟次郎认为,仅仅依靠课堂上的短暂教学,学习效果不能尽如人意。他主张通过与其他学科互相合作、共同教学,从而提高教学水准。此外,留学生在日语课结束后,会试图用学过的日语与其他学科教师交谈。然而,日本人教师总是使用"外国人话语"(foreigner talk)、"教师话语"(teacher talk),不难想象留学生的情绪是不满的。但是,尤其是速成科,日语教学之外的科目都配备了翻译,所以能推断在寒暄、让学生回答等方面的课堂用语应该还是日语。无论如何,值得一提的是,在日语教学方法尚未体系化的情况下,宏文学院的日语教师已经与其他学科的教师建立了合作关系,创造了具有跨时代意义的普遍性的预科教育机构应有的教学方法。毋庸置疑,宏文学院形成了举全院之力的日语教育支援体制。

讲道馆收藏的《关于改良日语教学法的愚见》写道:

> 为了使日语的发音准确且流畅,教师有时会指定学生朗读课本,朗读后其他学生会向该学生提问并指出错误。此教学法恰如模仿现今本邦小学读本教授法。[1]

上文依旧是在讲述语音、语调的重要性,但此中引人注目的是"恰如模仿现今本邦小学读本教授法"。宏文学院于1902年创办,1909年停办,一共存在7年。在此之前,日本的学校盛行"赫尔巴

---

[1] 講道館藏:「宏文学院関係史料」。

特主义教学法",但真正理解其精神内涵与思想精要的教师屈指可数,大多数教师只是表面地、形式化地执行这种方法,因此经常受到人们诟病。1896年,这种教学法开始走下坡路,同时日本教育界的权威人物樋口堪次郎开始提倡"综合主义新教学法"。然而,赫尔巴特主义教学法并没有就此销声匿迹,教育界仍普遍受到"赫尔巴特主义思想的支配"[1]。1907年,蔡元培为求探赫尔巴特主义教育本源,不远万里到德国留学。在给学部的留德申请呈文中,他这样写道:"以我国现行教育之制,多仿日本。而日本教育界盛行者,为德国海尔伯脱派(赫尔巴特学派)。"[2]由此可见,赫尔巴特主义教学法在日本的影响之大。

宏文学院的师资力量有赫尔巴特主义教学法的拥护者波多野贞之助、樋口堪次郎、棚桥源太郎,以及日语教师松本龟次郎。其中,松本龟次郎在赫尔巴特主义教学法与综合主义新教学法流行期间,曾在静冈县普通师范学校、佐贺县师范学校等进行日语教学。据讲道馆收藏的资料,松本龟次郎在校期间,每月都会召开一次日语研究会,参会教师不设限制,日语及其他学科教师皆可参加,会上主要对日语研究、课堂教学研究等课题进行探讨。由此看来,说日语教学法完美融合了赫尔巴特主义教学法与综合主义新教学法应不为过。

二、以汉文体为中介进行教学

虽然采用的是上述教学法,但了解其是直接教学法,还是通过

---

[1] 平松村夫:「蕨村漫遊記」,『明治時代における小学教授法の研究』,理想社1975年版,第192頁。
[2] 高平叔编:《蔡元培全集》第1卷,中华书局1984年版,第394页。

第四章　近代日语教育的产生及其对留学生的影响

媒介语言的间接教学法亦十分重要,尤其是除速成科的日语课以外的课程都设有翻译。因此,有人认为日语课也是如此,但事实并非如此。井上翠曾说:"我教授日语时,会用中文讲解难点,留学生甚喜,教授班级有80人。"①井上翠是汉语专业,可以根据留学生的学习水平适当使用汉语。然而,并非所有日语教师都像井上翠那样精通中文。那么在这种场合下,他们是如何应对的呢?

松本龟次郎曾说:"我在其他老师离职后,接替其工作,彼时,学生之日语水平已至相当程度。授课之时,不用汉文体,以日语同义语说明之,便可听懂。"②也就是说,教师会根据留学生的日语水平适当使用汉字,即用汉文体进行教学。在明治初期,宏文学院的教师大多接受过学校教育。1881年,日本文部省颁布《小学校教则纲领》,第11条内容如下所示:

初等科之读法从基本五十音、浊音、清音、假名单词、短句等开始,继而阅读汉字假名混写读本,记下读本中重要之字句,努力详细理解其意。中等科应授平易汉文读本或稍高深的汉字假名混写读本。高等科应授汉文读本或高深的汉字假名混写读本。应选用读本文体雅驯且益于学术之报道或包含愉悦学生身心之文词。教授目的旨在使学生理解读法、字义、句意、章意、句式的变化等。③

---

① 井上翠:『松濤自述』,大阪外国語大学中国研究会1950年版,第10頁。
② 松本龟次郎:「隣邦留学生教育の回顧と将来」,『教育』1939年第4号,第53頁。
③ 古田東朔:『小学讀本便覽』第2卷,武藏野書院1978年版,第363—364頁。

"高深的汉字假名混写",即汉文与假名混杂的句子。但实际上,当时的教材是用汉文体书写而成的。虽然日本文部省在1872年颁布了《学制》,但幕府末期的寺子屋、私塾带来的影响依然存在,尤其体现在日本小学开设汉学课程上。松本龟次郎的儿时玩伴吉冈弥生(1871年生)曾说,她刚踏入小学时,授课内容与寺子屋如出一辙,都是背诵汉文①。宏文学院的教师大多接受的是这样的国语教育,所以用汉文体来开展日语教育也是理所当然的。

明治时期的日语教材大多采用汉译或汉文体。1904年发行的宏文学院丛书《言文对照汉译日本文典》深受中国留学生的喜爱,到昭和中期共印刷发行了40版。对此,松本龟次郎予以如下解释②:

> 此文典虽命名"言文对照",但实际文语体所占篇幅甚多,口语体次之。之所以如此,是因为口语在当时如破土新芽。如有名的(尾崎)红叶的小说《金色夜叉》、(德富)芦花的《不如归》等皆为文语体,仅登场人物对话为口语体。教科书当然也是多用文语体。因此,与汉文极其相近⋯⋯读此文典便可理解当时多数的教科书,其又是日文译成汉文之基准,故在当时被视作珍宝。

---

① 平松村夫:「蕨村漫遊記」,『明治時代における小学教授法の研究』,理想社1975年版,第22頁。
② 松本龜次郎:「隣邦留学生教育の回顧と将来」,『教育』1939年第7卷第4号,第55頁。

第四章　近代日语教育的产生及其对留学生的影响

因为文语体与汉文体关系密切，所以中国留学生和日本教师均认为该文典适用于日语学习。这背后的原因与当时的日语现状及留学生想学的日语有关。

明治时期，通用语尚未确定，而且日语有书面语与口语体之分，也就是所谓的"言文分离"。那么必然会面临选择哪种日语进行教育、学习的问题。中国留学生大多想从事仕途，因此他们最看重的是实用性，即能否用所学的日语翻译日本的法令文件、报纸、学术著作等。江户时期的官方文件是用候文体[①]书写的，但在明治时期，官方文件、报纸、学术著作等都是用汉文训读体书写而成，这些都是与文语体和汉文体有着密切关系的日语。

这些背景深深影响了留学生的日语学习方法，详情将于后文阐述。留学生们短期留学回国后，立刻肩负起建设祖国的重任，其中必然要订购、参考日本书籍，所以他们在学习日语时，便有意识地把阅读作为第一要务。这就与宏文学院试图进行的日语教育产生了分歧。在论述之前，我们先来了解一下留学生的日语学习情况。

三、留学生的日语学习法——"和文汉读法"

黄尊三在刚进入宏文学院时，用梁启超著的《东语入门》来学习日语。黄尊三曾说："此书对于日语初学者，大有裨益。"[②]梁启超的日语学习方法不仅对中国留日学生，也对想要学习日语的中国

[①] 日本中世至近世使用的一种文言文体，即现代日语句末的「です」「ます」用「そうろう」来表示的一种文体。（译者注）

[②] 黄尊三著，実藤恵秀、佐藤三郎訳：『清国人日本留学日記：1905—1912年』，東方書店1986年版，第25頁。

人产生了深远的影响。

　　遗憾的是,笔者并未拜读过《东语入门》,但梁启超的日语学习法可从刊登在《清议报》(1899年2月)上的《论学日本文之益》一文中了解到。梁启超写道:"日本文汉字居十之七八,其专用假名,不用汉字者,惟脉络词及语助词等耳……将其脉络词、语助词之通行者,标而出之,习视之而熟记之。"他又提出"其文法常以实字在句首,虚字在句末,通其例而颠倒读之",便可迅速掌握阅读、书写技巧。"学日本文者数日小成,数月大成。"[①]这便是"和文汉读法",与前文所述汉文训读法恰恰相反。清末,中日同文观居主导地位,以梁启超为代表的知识阶层普遍认为日语易学。梁启超更是身体力行,与译书汇编社的罗普合著出版《和文汉读法》,其提倡使用的"和文汉读"日语学习速成法,迅速在中国日语学习界引起轰动。

　　关于具体的和文汉读法,一起来看1902年吴启孙所著的《和文释例》中的例文与解说。该书是受《和文汉读法》的启发而撰写的[②]。

　　　　鶏聲曉ヲ報ジ。禁門悉ク開ク。搢紳百官。衣冠ヲ整ヘ。履新ヲ賀ス。馬車絡驛。往来織ルガ如シ。庶人モ。亦衣ヲ鮮カニシ。履ヲ新タニシ。相訪フテ。互ニ。吉利語ヲ道フ。昌平ノ美觀。蓋シ此日ニ在リ。

[①] 劉建雲:『中国人の日本語学習史—清末の東文学堂—』,学術出版会2005年版,第240頁。

[②] 吴启孙:《和文释例》,华北译书局1902年版,第1页。

第四章　近代日语教育的产生及其对留学生的影响

上述例文在汉读时的要点如下①：

(1)「曉」「報」「悉」「開」「整」「賀」「鮮」「訪」「道」「蓋」「在」等字后的假名，在词尾并无特别意义。虽说在日语的语法中，若句尾有变化，则句子整体语义也会相应地产生微妙差别，这一规则与汉语无关，初学者皆可置之不理。

(2)文中的「ヲ」相当于"倒装脉络词"，非常重要。日语与汉语语序相反，当遇到「ヲ」时，把后面的词移至前一个词前即可。

(3)「テ」放在动词后面，与后句相连，相当于汉语"而"的意思。

(4)日语「ノ」与汉语"之"的意思相同。

(5)日语「ニ」与汉语"中"的意思相同，用法与「ヲ」几乎一致，也属于"倒装脉络词"，翻译时与「ヲ」相同，把后面的词移至前一个词前即可。「ヲ」表示动作，而「ニ」表示场所。

上述日语虽重视助词、语序，但"初学者可以忽略词尾变化"这一说法未免过于以偏概全。日语与汉语不同，汉语相对独立，并无"词干＋词缀"的结构，而日语属于黏着语，语法现象一般都附在这些虚词上，在词干中，具有语法功能的要素彼此相结合，从而在文中表现出语法作用和关系差异。

上述例文的汉译如下：

鸡声报晓，禁门悉开，缙绅百官。整衣冠，贺履新。马车络绎，往来如织。庶人亦鲜衣新履，相访互道吉利

---

① 劉建雲：『中国人の日本語学習史—清末の東文学堂—』，学術出版会2005年版，第241頁。

161

语。昌平之美观盖在此日也。①

将原句中的所有汉字都用进汉译文中,这一方法值得关注。这种方法并非梁启超的独门方法,蔡元培也曾用同样的方法学习日语。1898年,蔡元培和五六个人一起向陶杏南、野口茂温等学日文,他曾道:推想日文可速成,不肯学日语,但学得"天、尔、乎、波"(日语中的助词「て、に、を、は」的读法)等。②他一边学习"天、尔、乎、波"的用法,一边翻译中国古典文学、日本书籍,通过实践牢记其用法。也就是说,他的做法与"汉文训读法"完全相反。但这种方法对速学日语者而言,确实有立竿见影的效果。或许根深蒂固的"同文同种"的观念就是从这里衍生而出的。

很多留学生一到日本,便试着翻译。松本龟次郎对此谈道③:

> 学生见日文里有汉字,认为他们理解其中汉字之意思,仅需学习假名部分意思足矣。何其实用主义。例如:
> (1)政府ハ留學生ヲ外國ヘ派遣ス(政府向外国派遣留学生。)
> (2)僕ハ人込デ賊(泥坊)ニ錢(御足)ヲ取ラレタ(我

---

① 劉建雲:『中国人の日本語学習史—清末の東文学堂—』,学術出版会2005年版,第2頁。
② 朱京偉:「蔡元培の日本語翻訳と初期の哲学用語移入」,北京日本学研究中心编:《日本学研究》第15期,学苑出版社2005年版,第102頁。
③ 松本亀次郎:「隣邦留学生教育の回顧と将来」,『教育』1939年第7卷第4号,第53—54頁。

被盗贼劫走了钱。）

以上例句,汉字部分的意思浅显易懂,只需学习ハ、ヲ、ヘ、ス、デ、ニ、レタ等假名词义即可。

由此可见,留学生正是想用"和文汉读法"来学习日语。松本龟次郎认为他们的学习方法是典型的实用主义。当时,短期留学风靡一时,修业年限短则1个月,长则1年左右。据庄兆祥的佐证,按照惯例,留学生一毕业就会立刻回到自己的国家[1],所以高效学习日语十分重要。于中国留日学生而言,一旦回国,日语口语能力就显得可有可无了。一般情况下,他们会选择阅读日本书籍,学习日本先进的治国理念,积极投身祖国建设。因此,他们认为学习日语只需达到能看懂日文的程度即可。更何况还有很多人认为两国语言"同文同种",学习日语轻而易举。

综上所述,在语言教育的4项技能,即听、说、读、写中,留学生普遍认为只需具备"读"的能力即可。因此,学习日语,运用"和文汉读法"已然绰绰有余。

宏文学院作为近代中国留学生日语教育的摇篮,其实行的教育方针政策,留学生是如何看待的呢?

四、近代日语教育对留学生的影响——利与弊

根据前文所述,我们了解到宏文学院的日语教育与留学生的需求存在分歧。对此,留学生秉持何种态度呢?

以下是讲道馆收藏的宏文学院留学生的来信节选:

---

[1] 莊兆祥:『日本遊学回憶録』,非卖品,1972年,第25页。

9月开班以来历经4月,承诺先生热心引导,感激之情不能言喻。唯近闻柿村先生将就他处之聘,不能再在贵校教授,大岛先生将以鹤田先生代柿村先生之席。窃思贵校所聘教师大都热心教育,然鹤田先生去年曾在第三普通班教授,学生等听受者,均称鹤田先生于汉文不甚通鲜,教授法亦未见优长,故学者每难了解。昨日学生等曾向大岛先生请其改聘良师,大岛先生终欲姑为尝试矣。果不善,再行更聘。学生等再四希求,终未蒙允。窃思贵国教育隆盛,济济多才,精通汉文、熟明教法者自不乏。人则改法良师故自易事,在学生等自应安心学业,教师事件,本无自由择教师之理由,唯念先生教育名家,于弊国学界同深系念,凡有希望尽能各遂所怀,而学生等自问远道来游于学问,不敢稍存苟且,故不顾冒昧为特别之希求。且开班日允普通科学当逐渐增加,日语进步太迟,科学无由听受,故在学生等求学贵国,言语尤为切要之基础,若日语教授不良,学生等求学前途必大阻碍,即请转告大岛先生自此改聘为望。至鹤田先生,学生等曾经听受,徒为尝试以耽日力且必矣。既教不善而后改聘,何如今日为之,尤为直截了当耶。若早使学生等达此希望,勉造求学之阶基,则感激无量……①

---

① 講道館藏:「宏文学院関係史料」。

第四章　近代日语教育的产生及其对留学生的影响

　　这封信由大塚第二普通班学生部部长扬有动所写，代表所有班级致予嘉纳治五郎。信上邮戳为1906年2月23日。信上提到的柿村，是著有《上代日本汉文学史》《本朝文粹注释》的汉文学大师柿村重松；大岛是教务主任、化学教师大岛英助；鹤田则是日语教师鹤田健次。柿村重松离开后，留学生对日语教师鹤田健次的汉语素养与授课方法不满，要求更换教师。此外，留学生的日语学习效果不佳，普通科目亦听不懂。普通科和速成科不同，授课时不设随堂译员，可想而知他们的焦虑心情。宏文学院的日语教育注重语音，在"听""说"方面倾注了很大的精力，但收效甚微。虽然仅凭鹤田健次的教学法就对宏文学院的日语教育做出过低评价是不妥当的，但黄尊三也在自己的日记中感叹道，虽在宏文学院学习1年，但日语水平相当低，几乎完全听不懂日语[1]。鲁迅初来仙台时，藤野严九郎曾说道："鲁迅刚入学时，无法开口说日语，也不能很好地听懂日本人说话。"[2]由此看来，在日语教学中，推行注重"听"与"说"的教学方式并不顺利。

　　这种日语能力的欠缺是当时所有中国留学生的弊病。只要踏出教室，他们便无法与日本人顺畅沟通。1906年10月31日的《东京朝日新闻》有如下记载：

　　　　昨日，书顷下谷区谷中坂街梶原方向之汤泉，两清人

---

[1] 黄尊三著，実藤恵秀、佐藤三郎訳：『清国人日本留学日記：1905—1912年』，東方書店1986年版，第110頁。
[2] 王暁秋著，木田知生訳：『中日文化交流史話』，日本エディタースクール出版部2000年版，第162頁。

165

汤内洗沐去污。周恩就，20岁，刘揆先，24岁，留学生也。家居根津方町，斋藤方止宿。日本人见此二人频繁在汤池内搓澡，前去规劝，奈何言语不通，生误解，起争端，遂打斗。日本人5人，敌不过，周恩就头背部负伤。警官到，日本人遂逃走。加人力寻周边，问其因，不习惯日式入浴也。[①]

上文说的是留学生不习惯日本人的洗澡方法，本书在此不做详细论述，但这件事发生以后日华学堂指导了留学生如何泡澡[②]。上述报道中的事件便是语言不通等问题导致文化摩擦加剧的典型事例。

因留日学生的日语水平普遍低下，当时的日本社会，莫说留学界，甚至误以为所有中国人都很无知。某天，一名中国学生乘坐日本黄包车，车夫问道："在日俄战争中，你知道日本取得胜利了吗？"该留学生并未听懂，稀里糊涂回答道"是的"。车夫又问："那你一定很羡慕吧？"还未理解话语含义的留学生依旧回答道"是的"。过了一会儿，车夫才觉察他不懂日语，唏嘘长叹道："中国人真是无知！"写这篇文章的梦芸生评论道：如果是住在东京的留学生，这种类似的经历一天内会上演好几次，每次遇到都会暗自神伤却又难以启齿[③]。留学生为了躲避与日本社会的摩擦和冲突，选择把活动

---

① 「日清人混堂を擾す」，『東京朝日新聞』1906年10月31日。
② 実藤恵秀：『中国留学生史談』，第一書房1981年版，第39頁。
③ 梦芸生：《车夫与学之问答》，《伤心人语》，振聩书社1906年版（原书无页码，下同）。

第四章　近代日语教育的产生及其对留学生的影响

局限在中国人狭窄的社交圈内,几乎不与日本社会接触。换句话说,他们把自己封闭起来,因此也没有机会练习日语。这亦是留学生日语学习效果不好的原因之一,由此形成了一个恶性循环。

话题回到宏文学院,其实像鹤田健次这样的日语教师还有很多。以下是曾就读于宏文学院普通科丙班的陈傅理写给嘉纳治五郎的信：

> 自今年9月以来,贵校之宗旨忽异,教员则无故更换。其更换之目的,总是善者离去而劣者来,即如弊班上之日语教员先时是铃木、穗刈先生,近日以龟山、村田二教员代之。此二教员不但不知教授之法,亦不知日文为何物,如「少年老イ易ク」之句,他们将「老イ」当作形容词、「易ク」当作动词。以如此法教授,学生等安能受益？特向大岛先生商议,而大岛先生……驳回诉求。学生等因思弊国人来贵国学习普通科,原以日语日文为正宗,则日文日语教法必详明简要而后易于领悟。故教员宜择其最善者,先生作为教育名家岂昧此理？而以不通日文之教员困学生等乎。此必大岛先生接引私人蒙蔽先生,以欺学生等也。故特禀先生,冀念学生等万里游学之苦衷,深如体恤,将龟山、村田二教员更换之,不必拘何人,须深谙教法、精通日文者……①

---

① 講道館藏:「宏文学院関係史料」。邮戳日期为1906年11月21日。由此可见,留学生的日语学习效果不甚明显。

铃木,即铃木静;穗刈,即穗刈信及;龟山,即龟山秀明。关于村田,在宏文学院的"职员变动一览"①文件中只记载过村田政夫一人,而此人于1905年7月离职。这封信的邮戳是1906年11月21日,可见除了村田政夫外,还有其他姓村田的人。龟山和村田把「少年老い易く」(少年易老)一句中的动词「老い」(老)当作形容词来教,把形容词「易く」(容易的)当作动词来教,这已经不是教法的问题了,而是母语素养缺失的问题。然而,若就此断定宏文学院的所有日本教师都是这般低水平,还为时过早。讲道馆收藏的留学生的信件都是用中文写的,而不是日文,这证明虽然存在"写作能力"等问题,但留学生的日语水平似乎比预期要低很多。据说,有的留学生看到横着写的「本日大賣出」时感到吃惊不已,因为他下意识从右边开始读并将其按照汉语语序理解成"出卖大日本"②。诚然,那时的日语教科书是竖着写的,留学生尚未学习横写。然而,倘若有初级水平的日语能力,就应该能够充分意识到这个错误。虽然不是所有留学生的日语能力都那么差,但是他们中的大多数人都是这种水平,这是可以肯定的。

教学效果不好不能仅归咎于教师,自身的学习态度也是一个重要因素。如前文所述,"和文汉读法"深刻影响了留学生的日语学习观。在留学的八九个月间,他们除了学习日语,还须兼顾其他科目,根本无暇顾及口语训练。对于留学生来说,只要能看懂日文

---

① 講道館藏:「職員異動一覽」。
② 實藤惠秀演述:『支那留学生教育に就いて』,1940年,第25頁。

第四章　近代日语教育的产生及其对留学生的影响

书,就可以为祖国建设做出贡献,况且回国后日语口语并无用武之地。孙伯醇也认为,当时留学生对学习日语的态度受到了"和文汉读法"的影响[①]。他这样回忆道:

> 大家皆认为没有必要系统学习日语,掌握日语阅读能力已然足矣。

也就是说,留学生根本没有感受到学习日语的必要性。上述回忆很有价值,因为留学生的日记、回忆录鲜有关于学习日语和研究日语的记录。

近代日语教育以教授一方的日本人为主体,日本人意识到要把日语作为外语来教学。在当时系统日语教育法、通用语均未规范的严峻情况下,宏文学院编写出版了《日本语教科书》,该书旨在教授留学生4项技能(听、说、读、写),放至现代依旧是一本适用广泛且富有体系的日语教科书。此外,该书也在一定程度上促进了标准日本语的形成。

松本龟次郎在授课上,一方面,采用现代重视口语的方法,以语音教学为中心,引进当时日本小学的读本教学法,授课内容极具魅力且富有活力,并与其他学科的教师建立了合作关系。另一方面,根据留学生的日语水平,因材施教,必要时通过中文和汉文体进行讲解。这些无不体现了松本龟次郎对留学生的悉心栽培。

[①] 孫伯醇述:「留学生・学校教育・辮髪のこと:日本に生きる一中国人の回想(つづき)」,『中国』1966年第31号,第29頁。

此外,值得注意的是,正是由于三矢重松和松下大三郎等人进行了日语教育实践,才有了之后日语语法研究的丰硕成果。可以说,正是因为留学生的存在,日语语法的研究才得以成为可能。

　　然而,留学生的日语教育也存在一些问题。首先,并不是所有教师都具有较高的教学水平,有的教师学艺不精,遭到留学生投诉。其次,宏文学院的日语教育法与留学生的日语学习观存在分歧。在梁启超等人提倡的"和文汉读法"的影响下,留学生采取了只专攻"阅读"的速成日语学习法。此外,明治时期的留学生教育以速成教育为主,根本无暇练习日语口语。留学生也普遍认为没有必要练习日语口语,不肯多下半点功夫。

　　众所周知,宏文学院提供的日语教学方式与留学生的需求之间存在分歧。实藤惠秀认为,留学生使用的语言大多是从日本女佣那里学来的"女性语言"[1]。此外,他们还主动学习了所谓与女性相关的日语。例如,他们最先记住的词是「オカミさん」(老板娘)、「ムスメさん」(姑娘)、「ベッピン」(美人)、「嫂さんちょいと」(小嫂子)等[2]。留学生与日本女性往来频繁,交往甚密。其中不乏旅馆酒店女佣、小商店的老板娘等处于社会底层的日本女性。此外,《留东外史》、报纸等均指出这已经发展成中日两国的社会问题,留学生使用的这些语言都是在教科书中、课堂上学不到的日语。

---

[1] 孫伯醇述:「留学生・学校教育・辮髪のこと:日本に生きる一中国人の回想(つづき)」,『中国』1966年第31号,第29頁。
[2] 早稻田健児團總代(投):「淫風早稻田を亡ぼさんとす」,『冒険世界』1909年第2号,第58頁;不肖生:《留东外史》初集第14章,民权出版部1924年版,第19页。

第四章　近代日语教育的产生及其对留学生的影响

　　宏文学院自认为自己的日语教育法对留学生大有裨益,但实际上与留学生追求的目标大相径庭,留学生很难学好日语。不过,留学生通过对日语的学习,在翻译近代西方理念、文物典籍的过程中,理解并将日本人研究的"新汉语"传入中国,从而有力地推动了国家的近代化发展。然而,由于留学生普遍日语能力不足,所以掌握的只是单词,难以理解日本社会和文化。综上所述,宏文学院的日语教育法与留学生的日语学习观很明显存在分歧。

第五章

留学生活中的困难

对于到日本留学的中国学生而言,进行跨文化交际的场所不只在学校。相比于学校,他们在课堂外度过的时间更长。那么他们是如何生活的?是如何进行跨文化交流的?其中又有怎样的烦恼与矛盾呢?通过探究这些问题,我们可以一窥留学生课堂外的生活。

对于这些问题,很少有人研究。大多数研究是针对所谓的留学精英,以及笔者在序章中提到的"清末志向做官型"留学生和"国家近代化型"留学生。部分研究描绘了流亡的革命志士的梦想、浪漫和苦恼,以及其与有共鸣的日本人的友好交往历程①。除此之外,有关中国留学生,特别是有关"享受市民生活型"留学生的研究非常少。1906年,留日学生人数达到顶峰,大多数人并没有专心于学习,这些学生中大部分是以"享受市民生活型"为代表的东洋游学派,以及目标是新式科举的"清末志向做官型"留学生②。通过考证这些留学生留学生活的实际状况,就可以描绘出中国留学生

---

① 较为人熟知的中日交往人物有鲁迅与藤野严九郎老师、黄兴、宋教仁与宫崎滔天。详细内容可参考阿部兼也:『鲁迅の仙台时代—鲁迅の日本留学の研究—』,东北大学出版会1999年版。宋教仁著,松本英纪訳注:『宋教仁の日記』,同朋舎出版1989年版。王晚秋著,木田和生訳:『中日文化交流史話』,日本エディタースクール出版部2000年版。

② 严安生:『日本留学精神史—近代中国知识人の軌跡—』,岩波书店1991年版,第302页。该文献显示,大多数人不安于学习,其中以回国后应对新式科举为目的的"镀银组"和以游山玩水为目的的"考察组"占大多数。

的群像。遗憾的是,根据石陶钧的回忆,他们当中很少有人与日本人频繁接触[①]。这是因为对留学生来说,融入日本社会比想象中更困难,他们受到了排斥和孤立。那么,留学生活中的困难究竟有哪些呢?笔者调查研究发现,衣、食、住是留学生活的基础,也是造成留学生在日本社会生活困难的重要因素。与衣、食、住同样成为阻碍留学生活的还有留学目的地的语言,也就是和留学生的日语能力有关系。这些问题最终导致他们被日本社会孤立。

因此,本章将分析留学生衣、食、住的问题及语言问题,探究留学生在日本社会中如何看待日本,如何受到日本社会的排斥,考察留学生活的另一层困难。

第一节 "衣"之困难——服装与辫发

清末赴日留学生中大多数在东京留学。他们主要生活在神田、本乡、麴町一带,这里聚集了许多留学机构和面向留学生的宿舍、书店、食堂等,中国留学生会馆就在骏河台。宏文学院也在这附近,它是该地区规模最大的留学生教育机构。《中国教育的权威》对当时的情景描述如下:

> 这些中国留学生成群结队在街上晃悠,专门面向留学生的当铺开张了,烟草店的年轻女店员也开始说中国话了,东京中央甚至突然出现了唐人街,帝都呈现出一派

[①] 嚴安生:『日本留学精神史—近代中国知識人の軌跡—』,岩波書店1991年版,第310頁。

第五章　留学生活中的困难

从未有过的景象。①

寺田勇吉也说道："出门又看见中国人成群结队在街市中游荡,就像海中的小鱼群。"②从中可知,日本人对留学生之多感到困扰,可以说留学生的存在非常显眼。

造成显眼的主要因素在于中国留学生的外在形象。因为同属于黄色人种,我们首先可以考虑显眼的原因在于服装的差异。笔者考证了他们来到日本之后的穿着,主要是"西装""教育机构的制服""和服"。他们认为这些服装有着特殊含义。留日学生自己编辑的刊物《湖北学生界》第3期上刊登了文章《剪发易服说》,文中表示要"以日本为先导",认为"诚欲变法自强,其必自剪辫易服始矣"③。"变法自强"是留学目的中的一个大名头,不仅仅是服装,辫发也必须和服装统一,这一点很重要。因此,本小节把副标题定为"服装与辫发"。

"西装"和"所在教育机构的制服"都是"洋服"。同样在《湖北学生界》第3期,一名留学生这样论述"洋服":

> 易洋服,开渐进至大同世界之路。何故也？由初具洋服之形式,则渐有洋服之相应感触,久而久之必讲洋服之精神矣。洋服之精神,即发愤图强、勇武刚健也,具独

---

① 柴崎信三:「留学100年前の物語」,『日本経済新聞』1998年8月18日夕刊。
② 寺田勇吉:「清国留学生問題」,『中央公論』1905年第1号,第18頁。
③ 厳安生:『日本留学精神史—近代中国知識人の軌跡—』,岩波書店1991年版,第270頁。

立之气象而无奴隶之根性。且若论西洋之精神,须取法于政治学、法律、工艺、农商等诸学之长,渐以实行。此外,如服装外形与西洋人同,则易交际,无隔阂之虞,往来视察之际收获益增,亦可免于猜忌和侮辱。①

他们觉得只是单单改穿洋服,就能有如此多益处,着实令人惊讶。也有日本人说:"外表需用心打理,戴着帽子就象征着文明,穿着洋服就代表着开化。"②"敲敲西式短发头可以听到文明开化的声音。"从中可以看出,要想成为西欧强国那样的国家,就要先从改变发型和服装开始,这种观点非常普遍。

接下来讲一讲"和服"。这里有个很大的疑问:后文提到许多留学生对日本文化漠不关心,甚至有轻蔑之意,日本饮食文化便是其中的代表。既然如此,他们为什么能毫无抵触地接受"和服"呢?宏文学院的日语教师松本龟次郎这样描述当时在实践女子学校留学的秋瑾:"肤色白皙,眼睛细长,体格稍瘦。上身着黑色和服单衣,下身穿着当时甚为流行的紫色裤裙。缠足,扎日式束发,莲步蹒跚,每日往来学校,不曾缺席。"③另外,李烈钧在自传《李烈钧自传》中说孙中山等人喜欢穿披风和高齿木屐④。看来忧心国家的革命志士,

---

① 嚴安生:『日本留学精神史—近代中国知識人の軌跡—』,岩波書店1991年版,第270—271頁。
② 家永三郎:『日本人の洋服観の変遷』,ドメス出版1976年版,第27頁。
③ 松本亀次郎:『中華五十日游記』,東亜書房1931年版,第28—29頁。
④ 嚴安生:『日本留学精神史—近代中国知識人の軌跡—』,岩波書店1991年版,第276頁。

无论男女都喜欢日本的壮士风和野蛮风。那么,游山玩水的那一类留学生又是怎样的装束呢?《留东外史》中有一个叫王甫察的人物,书中描绘他是江西人,经常戴着巴拿马草帽,身穿白色单薄和服上衣,搭配黑色外褂,腰边是淡青色的绉绸制成的缎带,身上戴着很粗的金表链,整个装扮风格完全不像中国人,反而像一个年轻的日本绅士[①]。笔者越发想不通为何中国人要穿"和服"。为揭秘其中的关键,我们可以参考周作人的说法。周作人说:"我那时又是民族革命的一信徒,凡民族主义必含有复古思想在里边,我们反对清朝,觉得清以前或元以前的差不多都好。"[②]我们应该着眼于他们的立脚点——民族主义。众所周知,清政府确立统治后推行剃发易服,要求全国上下剃额头、留辫发,改穿满族服饰,以此作为征服汉人的象征。因此,一些留学生认为剪辫易服就代表着否定清政府的统治。但是,周作人对"和服"是这样论述的:

---

① 不肖生:《留东外史》第3集第40章,民权出版部1924年版,第16页。《留东外史》一书对于研究中国留学生史很重要,在此做简单的介绍。向恺然(1890—1957,湖南平江人)以不肖生的名义自称在日本的目击者、传闻者、部分参与者,记述了中国留学生和亡命客的堕落生活。这是《留东外史》第1集到第10集的内容。此外,他还撰写了《留东外史补》《留东新史》。据向恺然介绍,他于1908年自费留学,毫无目的和计划,后毕业于宏文学院,1913年回国,同年再度留日。(木山英雄:「『留東外史』はどういう小説か」,大里浩秋、孫安石編:『中国人日本留学史研究の現段階』,御茶ノ水書房2002年版,第149頁。)然而,《留东外史》却被周作人、志希等人批判为黑幕小说。
② 周作人著,木山英雄訳:「日本管窺の二:日本の衣食住」,『日本談義集』,平凡社2002年版,第191頁。

现今所谓和服实即古时之所谓"小袖",袖本小而底圆,今则甚深广,有如口袋,可以容手中笺纸等,与中国和尚所穿的相似,西人称之"kimono",原语云"着物",实只是衣服总称耳。日本衣裳之制大抵根据中国而逐渐有所变革,乃成今状,盖与其房屋起居最适合,若以现今和服住洋房中,或以华服住日本房,亦不甚适也。①

这些留学生认为"和服"是由中国古代的汉族服饰演变而来的,不是清代满族的东西。1877年,黄遵宪作为参赞官来到日本,他也表达过相同的看法②。另外,周作人认为在生活中穿着和服很方便,即和服具有一定的功能性,这一点在《留东外史》中也有论述③。在《暴风雨前》中有一个姓葛的人物,他大夸和服的优越性:"看,这件和服怎么样,很帅吧。……我们中国的服装就不行了,行动不便,看起来也非常吊儿郎当。在国内就算了,去了外国实在让人耻笑,面子都丢尽了。"④这些话也有力地说明了这一点。可以推测,因为民族主义、功能性和外观时尚等,留学生在日本倾向于穿和服。

这也证实了严安生的观点:深刻践行服装政治文化论的人群

---

① 周作人著,木山英雄訳:「日本管窺の二:日本の衣食住」,『日本談義集』,平凡社2002年版,第26頁。
② 黄遵憲著,実藤恵秀、豊田穣訳:『日本雑事詩』,平凡社1967年版,第203頁。
③ 不肖生:《留东外史》第2集第23章,民权出版部1924年版。
④ 厳安生:『日本留学精神史—近代中国知識人の軌跡—』,岩波書店1991年版,第275—276頁。

第五章　留学生活中的困难

中,绝大多数是流亡者、运动家、寻求真理者等思想家[1]。与此同时,即使不谈服装政治文化论,对留学生来说,他们对和服的功能性与时尚感也有着强烈的憧憬。不管怎么说,都可以看出中国留学生有拘泥于服饰的倾向。但是,无论他们穿得多时尚,日本人的反应都很冷淡。据《留东外史》,有一个留学生身着和服,日本人不知道他是哪个国家的人,于是便询问其国籍,被询问国籍的留学生因此恼羞成怒[2]。留学生认为穿着"和服"是新时代的象征,而这恰恰隐藏了他们留学生的身份。同样据《留东外史》,有一个叫王甫察的人穿着他所在的留学学校的"制服"观看艺伎表演,隔壁房间的一个日本艺伎马上就识破了他是中国人,另一个艺伎问她是如何知道的,这位艺伎轻蔑地说,依据她当时在日本桥工作的经验,不顾及身份直接穿着学生制服来观看艺伎表演的人,只有中国人[3]。留学生想利用日本社会崇尚西洋的心理,穿"西服"来博得日本女性的欢心,却没想到着装要考虑合适的时间、地点和场合。

这个"合适的时间、地点和场合"问题也发展成了穿搭的问题。当然也有像上述忧国之士那样穿着得体的人,但很多留学生并没有掌握好新的着装风格。要改变从出生以来形成的穿戴习惯,毫无疑问是十分艰难的。来自湘西的梦芸生毫不留情地说,他们虽然穿着一身洋装,但脚踩云纹缎子织的鞋子,和服里面穿着缎子材质的中国服装,到了冬天,他们会穿几件皮质夹棉的无

---

[1] 厳安生:『日本留学精神史—近代中国知識人の軌跡—』,岩波書店1991年版,第270頁。
[2] 不肖生:《留东外史》初集第14章,民权出版部1924年版,第100页。
[3] 不肖生:《留东外史》第4集第55章,民权出版部1924年版,第5页。

181

袖衣裳,再套上学生制服,鼓鼓囊囊的就像牛怪一样,他们应该感到丢脸。①梦芸生对此甚为反感,认为他们"亦足羞也"。留学生想强行实践"和洋中融合",但是这样奇怪的着装,难怪会被日本人瞧不起。对此,黄尊三等留学生记录了自己的心境,他们写道"国家体面尽失"②。不管自己有没有做此打扮,他们都羞耻于同胞们的这种打扮。

对于留学生来说,如果这些嘲笑只发生在课堂外那还能勉强忍受,因为他们还有教室这个避难所。但事实是课堂内也是如此。冯延铸在《东游鸿爪录》中的描述佐证了这一点。在宏文学院的教室里,连老师都会指着留学生的打扮嘲笑说"驴马披着狮子皮"。③老师可能觉得,明明来自弱小的国家,却装扮成西方国家的人的样子,有什么意义呢?但他们作为留学生教育最前线的人,这样的言论过于辛辣了。在教室内外都被嘲讽,留学生完全失去了安身之所。

怪异的装束不仅体现在服装上,也体现在发型上。借用曾在宏文学院学习过的鲁迅的话来说:"头顶上盘着大辫子,顶得学生制帽的顶上高高耸起,形成一座富士山。也有解散辫子,盘得平的,除下帽子,油光可鉴,宛如小姑娘的发髻一般,还要将脖子扭

---

① 梦芸生:《装束之怪异》,《伤心人语》,振聩书社1906年版。
② 黄尊三著,実藤恵秀、佐藤三郎訳:『清国人日本留学日記:1905—1912年』,東方書店1986年版,第35頁。
③ 厳安生:『日本留学精神史—近代中国知識人の軌跡—』,岩波書店1991年版,第276頁。

第五章　留学生活中的困难

几扭,实在标致极了。"[1]鲁迅是因为他当时主动剪了辫子,才这样评价其他留学生。无论如何,在日本人看来,这种样子很奇怪,所以才会在背地里称之为"蝌蚪头"[2],孩子会嘲笑其是"猪尾巴"[3],等等。因为此事,1896年第一批留学生中就有人受不了而中途回国。

如前文所述,留学生的辫发和服装最好都加以改变,但当时鲁迅看到的都是留着辫发的留学生。总而言之,剪辫子并不像换衣服那么简单。甚至有留学生因为剪辫子而被同伴排挤,最后被监督官停发官费遣返回国。简单来说,剪断辫子就意味着打倒清政府。但是,即便如此,也有很多人坚决要剪辫。有需求就有市场。有人设计了假辫子[4],很多留学生便买了来交差。这里要注意的是,剪辫子并不是因为想要打倒清政府,也有人像黄尊三[5]和鲁迅那样,只是为了图方便。正如他们所说的,并没有什么深层次的原

---

[1] 鲁迅著,增田涉訳:『藤野先生』,『阿Q正传』,角川書店1961年版,第152頁。
[2] 『東京朝日新聞』1906年3月8日。
[3] 実藤惠秀:『中国留学生史談』,第一書房1981年版,第57頁。该书记载,1898年10月7日,日华学堂教员宝阁善教的日记里写道:"晚饭后,带着学生们去上野公园玩,在本乡街散步,并向他们解释所见所闻。有时孩子们会缠着留学生叫他们'猪尾奴',这让人感到困扰。"
[4] 孫伯醇述:「家塾・同文書院・民報社:日本に生きる一中国人の回想(つづき)」,『中国』1966年第31号,第33頁。
[5] 黄尊三著,実藤惠秀、佐藤三郎訳:『清国人日本留学日記:1905—1912年』,東方書店1986年版,第3頁。

183

因,只是觉得辫子很不方便。①如果留着辫子,不仅平时戴学生帽不方便,而且上体育课也很容易受伤。另外,还有一层原因需要注意,1910年,有人提出皇帝应该颁布剪发令,这件事在政府、新闻媒体和资政院引发了热议。不过,总的来说,很多留学生剪辫的根本原因,就是像鲁迅、黄尊三等人所论述的那样,只是留辫子在日常生活中不方便。

留学生为了"变法自强",也为了时尚感和功能性而对新"服装"抱有热情。为了"以蘄进于大同矣",或是利用日本人的西方崇拜心理,他们开始改穿"洋服",或是身着与汉服颇有渊源的"和服",将其作为新时代的象征。但是在日本,这种行为的效果却适得其反。"和洋中融合"的装束并不和谐,让人觉得怪异,他们也成为日本人嘲笑的对象。他们留着辫子的模样更是让这种情况雪上加霜,日本人不可能理解他们对"衣"的讲究。而且,打扮怪异的留学生不在少数,正如前面所述,"就像海中的小鱼群"十分引人注目,自然也会引发日本平民的嘲笑。当然,这种嘲笑不仅仅是针对他们的装束,日本在甲午战争中获胜,民族优越感不断作祟,就连本来应该帮助留学生应对文化冲突的从事留学生教育的教师,却也在言行上蔑视留学生。后面也会讲到,宏文学院等众多教育机构,围绕教育内容、方针、学校规则等与留学生产生了矛盾。教师和留学生之间没有建立充分的信赖关系。无论是在课堂内还是在课堂外,被日本人嘲笑让"国家体面尽失",可想而知留学生遭受的

---

① 嚴安生:『日本留学精神史―近代中國知識人の軌跡―』,岩波書店1991年版,第128—129頁。

屈辱之大，甚至有人因此放弃留学。即使做不到放弃留学，很多人也产生了只要减少与日本社会的接触就好的想法，毕竟只要忍耐3个月到6个月就可以回国了。

第二节 "食"之困难

能否习惯当地的饮食决定了留学生活的舒适度，而要改变自幼养成的饮食习惯并非易事。因此，很多中国留学生因饮食而苦恼不已，也有很多人因为饮食不习惯而回国。

毕业于宏文学院的黄尊三记录了他第一次吃到日本菜的情形："一汤一菜，颇为简单，味至清淡。一小碗汤、一个鸡蛋、一小碗米饭，初次食用，甚觉不快。"[1]他们对日本菜的感受，一言概之就是味道清淡且简朴。尤其黄尊三还是湖南人，爱吃辣，所以更加接受不了日本饮食。笔者一直从事日语教育，所以知道很多来日本的中国学生对日本菜都持有"量少""味道淡"等同样的感想，这一点值得关注。

当时，中餐在日本几乎无人知晓。宝阁善教是日华学堂的教员，他从事留学生教育之后第一次吃到了中餐。他在日记中写道："其种类之多与器皿之小，令人新奇，滋味则是和食与洋食之中和，以为油腻为中餐特色。"[2]值得关注的是，他的感受与黄尊三对日本菜的感想完全相反。但是，宝阁善教做梦也没想到这种饮食文化的差异会在自己的学校引起动乱。留学生面对"极其简单"的日本

---

[1] 黄尊三著，実藤恵秀、佐藤三郎訳：『清国人日本留学日記：1905—1912年』，東方書店1986年版，第29頁。

[2] 実藤恵秀：『中国留学生史談』，第一書房1981年版，第61頁。

菜,认为厨师偷工减料,中饱私囊,最终引发了学生运动。留学生来自"民以食为天"的国家,对饮食的讲究超出了日本人的想象,不可能接受简单且量少的日本菜。此外,做菜的食材本身也伤害了他们的自尊心。《日华学堂日志》中有如下记载:

> 午餐仅供一条8钱的香鱼,学生往往发不满之言,曰这在我国是猫之食,非人之食。中日食物嗜好之异如斯。①

香鱼在日本是高级鱼,而在中国却是猫的食物,这种事专做日本菜的日本厨师自然无从得知。留学生们多次发起要求解雇日本厨师的抗议②,这些均需要日华学堂的教职人员来平息,可想而知他们当时的心情。王景禧在《日游笔记》中记载道,袁世凯派来的教育视察官在参观东京女子高等师范学院后报告说,中国的学生经常因为餐食发起抗议,应该平息纠纷,培养德性③。可见留学生对食物极其讲究。不过,这些纠纷在中国新式学堂的宿舍里也频繁发生④,大抵是无法解决的。

日本菜的特色之一是"生食",这一点很出名。1877年第一任驻日公使的参赞黄遵宪就曾说:"多食生冷,喜食鱼,聂而切之,便

---

① 実藤惠秀:『中国留学生史談』,第一書房1981年版,第86页。
② 実藤惠秀:『中国留学生史談』,第一書房1981年版,第95页。
③ 王景禧:《日游笔记》,出版者不详1904年版,第26页。
④ 厳安生:『日本留学精神史—近代中国知識人の軌跡—』,岩波書店1991年版,第244页。

第五章　留学生活中的困难

下箸矣。"[1]他吃的大概就是生鱼片。但是,留学生习惯了熟食,很难接受日本菜。黄尊三在结束8年的留学生活即将回国的时候,日本房东老板娘劝他吃生鱼片,他不好拒绝,最后把生鱼片烤着吃了[2]。可想而知他多么抗拒生食。

牛肉火锅更让留学生无法接受,好不容易用火煮熟的牛肉竟要蘸生鸡蛋吃。对于爱吃生鱼片、生鸡蛋等生食这件事,《留东外史》中的陈嵩认为日本人和野蛮人没什么区别,都喜欢腥味。[3]饮食文化的差异甚至会导致对对方民族的鄙视,而一旦产生鄙视,留学生们就更不会对日本菜感兴趣了。实际上,黄遵宪的日记和《留东外史》中都很少提到日本食物。要想让他们对野蛮人的食物产生兴趣可能性很小,留学生吃日本菜,能说出菜单中十道菜名的,恐怕百人中不过三四个人。[4]由此可见,他们对日本菜完全不感兴趣,也不想尝试。

留学生们拒绝食用日本菜,认为那是野蛮人吃的,那么他们是怎样解决吃饭问题的呢?答案是吃西餐和中餐。后文会提到,他们租住在"旅馆"和"出租屋"里,后者是指从日本民房中隔开出租的一间房,这些地方几乎都提供伙食,当然提供的是日本菜。《留东外史》中写道,有些地方的早餐会提供面包和牛奶这样的西餐[5]。

---

[1] 黄遵宪著,实藤惠秀、豊田穰訳:『日本雑事詩』,平凡社1968年版,第213頁。
[2] 黄尊三著,实藤惠秀、佐藤三郎訳:『清国人日本留学日記:1905—1912年』,東方書店1986年版,第320頁。
[3] 不肖生:《留东外史》第9集第135章,民权出版部1924年版,第27页。
[4] 不肖生:《留东外史》第9集第135章,民权出版部1924年版,第27页。
[5] 不肖生:《留东外史》第3集第21章,民权出版部1924年版,第6页。

这大概是寄宿方考虑到了留学生们的食物喜好。但是，找到能提供西餐的住处并不容易。还有一种选择是外出就餐，但是据周作人所说①，日本的西餐店并不好吃。当然，也有人会反过来利用日本人崇尚欧美心理而选择吃西餐，以此来向日本人炫耀，但从口味上来说，留学生们只爱吃中餐。

据黄尊三的日记和《留东外史》等，留学生会外出去餐馆吃中餐，因此中餐馆和留学生的关系密切，超出了单纯的客人和餐馆的关系。"维新号"是1899年开在东京神田的第一家中餐馆（见图5-1），据住在附近的中国留学生说，其店名蕴含着学习日本明治维新重建祖国的愿望。此时，中餐馆在作为社交场所的同时，也是留学生逃离日本社会的避风港。特别是对某些以留学生身份来日本避难的政治活动家来说，他们以中餐馆为伪装，在这里举行集会和誓师大会。1918年5月6日，留学生们以开办宴会为名义在"维新号"举行会议，不料被日本警察逮捕，这就是"维新号检举事件"。这是中国留学生史上一个重要事件，该会议呼吁抵制《中日共同防敌军事协定》，发起罢学回国运动。1918年5月7日的《东京日日新闻》报道，被逮捕的留学生有来自东京帝国大学、早稻田大学、明治大学等东京都内各学校的官费生和自费生。现在的"维新号"专务董事郑东耀从父亲郑永昌那里听说，警察闯入时，店里的人让留学生穿上厨师的衣服，让他们躲在厨房里②。

---

① 周作人著，木山英雄訳：「日本管窺の二：日本の衣食住」，『日本談義集』，平凡社2002年版，第202頁。
② 根据2004年12月1日在"维新号"事务所本部（新宿区若叶）笔者对郑东耀进行的访谈调查。

第五章　留学生活中的困难

图5-1　当时中餐馆"维新号"的照片[1]

对留学生来说，中餐馆的出现满足了他们饮食的需求，但日本人却很不满。中餐馆推出的内脏盖浇饭并不符合日本人的口味[2]。中日双方彼此都不习惯对方国家的饮食。直到20世纪初期，中餐才在日本普及开来，而这种普及也是因为厨师按照日本人的口味对中餐进行了调整。实际上，中餐没能普及的主要原因不仅仅是日本人的口味问题，日本学者大塚力对此有如下看法：

> 除了中国人，只有极少一部分日本人吃中餐。理由是他们蔑视中国，把吃中餐的人视为贱民。[3]

---

[1] 株式会社赤坂维新号提供。
[2] 周恩来著，矢吹晋编，鈴木博訳：『十九歳の東京日記』，小学館1999年版，第39—40頁。
[3] 大冢力：『「食」の近代史』，教育社1979年版，第147頁。

189

对留学生来说,蔑视日本菜是因为饮食文化差异,但日本人是因为对象是中国,所以蔑视中餐和吃中餐的人。

留学生们聚集在中餐馆吃中餐,日本的媒体对此进行了猛烈的批判:

> 最近中国留学生的食欲异常膨胀。几年前,中国人经营的餐馆只有两三家,最近神田和本乡附近已经增加到30多家。每到星期天,放假的留学生们就会三五成群地去那里胡吃海喝。大声喊叫,敲盘击碟,又唱又跳,宴会一到高潮,他们狂态毕现,淫言浪语不绝于耳,各种声音直震邻家瓦房。此种现象每逢周日难计其数。即使不是周日,成群结队蜂拥而至者亦不在少数……从当今的中国形势来看,国破家亡迫在眉睫。年轻人远游异国求学,却不知道为了祖国努力学习,每天荒废学业,只追求满足口腹之欲。我们日本人见此情状无不震惊。[①]

文中描绘了众多留学生去中餐馆聚餐的情景,如果是为了缓解平日的压力还可以接受,但中餐馆里都是些狂欢作乐的留学生。

上述文章记录的是1906年的事情。据各区警察署的调查,1905年在东京的中餐馆只有2家[②]。第二年其数量便增长到约为

---

① 梦芸生:《东京的中国料理》,《伤心人语》,振聩书社1906年版。
② 東京市編纂:『東京案内』上卷,明治文献1974年版,第262页。

第五章　留学生活中的困难

原来的15倍,增长速度惊人。但是,由于这份调查记录不包含上述"维新号"餐馆,所以可能还有一些未申报的中餐馆。因此,实际上中餐馆的数量应该更多。但1906年的留学生多达1万人,相比之下中餐馆的数量并不能完全满足需求。另外,在餐馆吃饭并不划算,所以也会有人在公寓自己做饭①。中餐多使用大蒜,而在日本,除了一部分人会为了养生和疗养而使用它,大部分人把大蒜视为脏东西而排斥它②。而且,大蒜的强烈气味也令素爱干净的人感到不适,这大概是日本人厌恶大蒜的主要原因。可以推测,因为这种气味,留学生在寄宿生活中也会与日本人产生摩擦。

留学生鄙视日本菜,日本人鄙视中餐,双方都看不起对方的饮食文化。但是,两者的原因有很大差异,对于留学生来说是烹饪方法和口味的差异,但是对于日本人来说,除了口味问题外,还有对中国的蔑视。此外,从上述分析中可知,留学生不管在中餐馆聚餐也好,在公寓自己做饭也好,都会和日本人产生摩擦,进而导致日本人蔑视中国、中国人和中国留学生。这就是留学生四处碰壁的留学生活的写照。当然也有能够适应日本菜的留学生,但是他们是少数。虽说如此,留学生也不能完全拒绝日本菜。如果他们不吃公寓提供的饭菜,生活就难以为继。据清政府留学生监督处刊发的《官报》,监督处支出了巨额的医疗费用,其很大程度是因为留学生的饮食生活混乱。在留学生总会上,留学生们也向驻日公使

---

① 不肖生:《留东外史》第2集第30章,民权出版部1924年版,第93页。
② 小湊潔:『にんにくの神秘』,叢文社1972年版,第38頁。

杨枢反映了饮食不适导致患胃病的问题①。

只是一个饮食问题就产生了如此多的摩擦,那中国留学生远离日本社会就不难理解了。

第三节 "住"之困难

参考《留东外史》整体描述的内容,清末留学生租住的住宅主要有3种:日本人和中国人经营的"旅馆"、租一套房子多人一起住的"出租房"、从日本人的民房租一间屋子的"出租屋"。除此之外,留学生还会住在留学教育机构提供的"宿舍"里。

留学生对这些房间的普遍印象就是空间狭小。年仅14岁的留学生孙伯醇刚来日本时觉得日本很贫弱,他回忆道:"日本是个非常寒碜的地方。……所谓公寓,一般只有4席半(约7.5平方米)或6席半(约10.8平方米)大小。但是在中国,4席半的面积是住不了人的。比如说家具,无论多小的中国房子里的家具,都不可能全部放进4席半的空间里。就连方形的桌子都没有,总之什么都是小的、寒碜的。这过得太惨了,我都要难过得哭了。"②留学生把在中国常用的生活必需品带到日本,但一到目的地发现房间比预想的要小得多。可见他们在中国时对日本的生活情况丝毫不了解。

他们带来的生活必需品的数量在日本人看来也很惊人。日华

---

① 実藤恵秀:『増補 中国人日本留学史』,くろしお出版1970年版,第466頁。
② 孙伯醇述:「家塾・同文書院・民報社:日本に生きる一中国人の回想」,『中国』1966年第30号,第28頁。

学堂的教员宝阁善教在看到新生63件之多的行李时感到十分惊讶[1]。不仅数量多，体积也大，日本狭小的房间里根本放不下。其中有一个叫张子平的留学生，他甚至带了一张四脚床，被女仆嘲笑说像尊佛龛[2]。

但也有人喜欢这样狭小的居住空间。周作人评价说"功效显著"，他评价说："坐在几前读书写字，前后左右凡有空位都可安放书卷纸张，等于一大书桌，客来遍地可坐，六七人不算拥堵，倦时随意卧倒，不用另备沙发，深夜从壁橱取被摊开，便正式睡觉了……而且还觉得清疏有致。"[3]但是，人要改变长期养成的习惯并不容易，恐怕像周作人这样的人是少数，大部分留学生还是感到房间很狭小，挤得难受。

值得注意的是，尽管居住空间狭小，留学生们还是选择和同胞抱团群居。就像前文所述，他们对日本社会感到有压力和恐惧，和同胞住在一起能轻松一些。从黄尊三的日记中可以看出，他平时经常和留学生待在一起，但对于留学生经常和同胞聚在一起的风气也很发愁。1906年7月20日，他在日记中写道：

> 最近每日与友人往来，时间半数费于交际，实在可惜。但这已成留学界一般风气，予束手无策。且作为留

---

[1] 実藤恵秀：『中国留学生史談』，第一書房1981年版，第75頁。
[2] 厳安生：『日本留学精神史—近代中国知識人の軌跡—』，岩波書店1991年版，第251頁。
[3] 周作人著，木山英雄訳：「日本管窺の二：日本の衣食住」，『日本談義集』，平凡社2002年版，第194—195頁。

学生,忧思甚笃,顾虑甚多,与友人往来,可缓解焦虑。故明知浪费时间,也乐此不疲。①

虽然和留学生伙伴待在一起可以缓解压力,但这也挤压了私人时间,导致无法在家里学习。虽说如此,但是为了缓解压力、打发寂寞,这是最有效的办法。此外,这也牵涉到了与日本社会的纠纷。前文中提到了中餐馆的情况,在日本人看来,即使是宴会,他们看到的也只是令人鄙夷的狂欢作乐、杂乱吵闹,这也是噪声的主要来源。虽然没有频繁举行疯狂的宴会,但黄尊三的日记中也记载了当时留学生们聚会的情况:

> 今日本要复习学过的内容,但没能如愿。同居于此的中国留学生有听音乐的,有划拳的,有大声唱歌的,还有和女仆调笑的,喧嚣之声震得门窗玻璃都在抖动,根本无法学习。我不由得后悔自己前几天弹月琴的事来。②

大约一周前,黄尊三在之前住的公寓里弹月琴以作消遣,却被公寓的主人提醒,一气之下就搬到了新公寓③。因果报应,这次轮

---

① 黄尊三著,実藤惠秀、佐藤三郎訳:『清国人日本留学日記:1905—1912年』,東方書店1986年版,第109—110頁。
② 黄尊三著,実藤惠秀、佐藤三郎訳:『清国人日本留学日記:1905—1912年』,東方書店1986年版,第162—163頁。
③ 黄尊三著,実藤惠秀、佐藤三郎訳:『清国人日本留学日記:1905—1912年』,東方書店1986年版,第162—163頁。

到他自食恶果。当时,留学生们认为日本人的生活寂静得可怕。萧红记述道:"他们人民的生活,一点自由也没有,一天到晚,连一点声音也听不到,所有的住宅都像空着,而且没有住人的样子。一天到晚歌声是没有的,哭声笑声也都没有。夜里从窗子往外看去,家屋就都黑了,灯光也都被关于板窗里边。日本人民的生活,真是可怜,只有工作,工作得和鬼一样,所以他们的生活完全是阴森的。"[1]黄尊三意识到了噪声问题,但其他留学生也能换位思考吗?恐怕做不到。就算有人投诉,他们大概也只会像当初的黄尊三一样,反而觉得气愤。留学生制定的《留学生自治要训》规定在路上遇到朋友也不能大声呼喊,去参观的时候要仔细确认出口和入口,不能大声说话,晚上不能大声喧哗。[2]这表明在日常生活中留学生确实常被日本人诟病。即使对留学生来说是正常的音量,但在日本就会被认定为噪声。由此可以看出,两国对声音认知的差异之大。

卫生问题也加剧了留日学生与日本社会的矛盾。《留东外史》中记载,鸟居荣子到访民兴馆,这里住了许多同文学校的学生。墙壁上到处都是涂鸦,榻榻米沾满了汤水和油污,荣子觉得中国人没有自我管理的能力。她认为这里不是公寓,而是动物园。[3]虽然大

---

[1] 厳安生:『日本留学精神史—近代中国知識人の軌跡—』,岩波書店1991年版,第267頁。译文引自萧红:《萧红散文》,人民文学出版社2015年版,第205页。(译者注)

[2] 実藤恵秀:『増補 中国人日本留学史』,くろしお出版1970年版,第193—194頁。

[3] 不肖生:《留东外史》第5集第75章,民权出版部1924年版,第20页。

部分年轻人不会经常整理自己的房间、保持清洁,但如果看到如此脏乱差的房间,大概也会和荣子有一样的感想吧。不过,这在留学生看来只是遵循自己的生活习惯。梦芸生虽然从小喜欢涂鸦,但对于留学生在房间的墙壁上涂画龙、蛇等图案,他表示自己片刻也待不下去①。

留学生还有其他习惯。《留学生自治要训》中还规定禁止随地吐痰。②据说,1899年第一次来到日本的章太炎在室内的榻榻米上吐痰,被日本保姆笑话,他大概觉得榻榻米也是地板的一部分,所以即使吐痰也无可厚非。此外,中国人没有脱鞋进屋的习惯也是产生摩擦的原因之一。1906年6月5日的《东京朝日新闻》上有一则题名为《谴责公寓的大字报》的报道③。内容是湖南留学生李某进屋不脱鞋,开门关门动作粗暴,给其他房客造成了困扰,因此被赶出了公寓。为了泄愤,他在公寓里贴上了中文大字报,说这家公寓的房东不近人情。这是一个典型的例子,产生摩擦是因为脱鞋与噪声问题,他却无法理解为什么自己会被赶出公寓。另外,这个李某用中文大字报告诉其他留学生,而不是直接向房东提出抗议,这也反映了留学生日语能力不足的问题。这件事甚至闹到了警局,可见日本人对留学生的恐惧心理。

留学生为了避免与日本社会产生摩擦,制定了《留学生自治要

---

① 梦芸生:《自修室之墨书》,《伤心人语》,振聩书社1906年版。
② 実藤惠秀:『増補 中国人日本留学史』,くろしお出版1970年版,第194頁。
③ 厳安生:『日本留学精神史—近代中国知識人の軌跡—』,岩波書店1991年版,第267頁。

训》。这是留学生希望通过提升自己来解决问题的表现,内容主要是关于道德方面的内容。曾在振武学校留学的蒋介石认为应该通过留学生的此种行为,让中国的普通群众也具备国民道德,这关系到国家和民族复兴。随后在1934年,蒋介石以归国留学生为中心,开展了"新生活运动"。他强调"衣、食、住、行"必须全部符合"礼、仪、廉、耻",并补充说明:

> 明治维新以后,日本人皆知如不改革野蛮之习惯,就无法与列强国家讲平等,故全面改革一般大众之生活。观其结果,以吐痰为例,以前到处吐痰者,现随身携带纸巾解决。[1]

此外,"清洁运动"和"规矩运动"也同时展开。"清洁运动"旨在使国民养成清洁习惯,促进健康;"规矩运动"旨在使日常生活符合"礼义廉耻",使国民生活合理化。"清洁运动"共有41项规定[2],包括"早睡早起""脸要洗干净""禁止随地吐痰"等。"规矩运动"有53项规定[3],包括"穿戴整齐""扣好纽扣""要守时""乘坐车船时不要大声谈笑"等。可以说,这些规定涉及的多数是赴日留学生在日本

---

[1] 段瑞聪:『蒋介石と新生活運動』,慶應義塾大学出版会2006年版,第65頁。

[2] 段瑞聪:『蒋介石と新生活運動』,慶應義塾大学出版会2006年版,第66頁。笔者据此摘录自南昌新生活运动促进会制定的《新生活须知》。

[3] 段瑞聪:『蒋介石と新生活運動』,慶應義塾大学出版会2006年版,第66頁。

社会中遇到的问题。

蒋介石认为日本之所以发展,是因为日本人的"衣、食、住、行"等所有行为符合"礼、义、廉、耻"。蒋介石曾留学的振武学校有《振武学校守则》,其中的《斋房条规》(学生须知)对各方面进行了详细规定,包括礼堂、卧室、浴室、茶室、接待室、洗手间、自习室、食堂、谈话室、疗养院、打扫、外出、外宿、归国、服装等[1]。基本上涵盖了"衣、食、住、行"。可以说蒋介石在日本留学的经历,对这场"新生活运动"的影响很大。

如上文所述,留学生一走出房门,就会感到日本社会带给他们的沉重和压抑。他们只能和中国人一起窝在狭小的生活空间里,按照惯有的习惯生活,这样必然会诞生一个留学生小团体。但是,在封闭的圈子中,他们旧有的行为习惯与日本社会有着太大的隔阂,引起了新摩擦,从而形成恶性循环。在日本人看来,留学生的居住会导致住房和附近的生活环境恶化,因此有人拒绝把房屋出租给留学生。留学生频繁地搬迁住所也证明了这一点。也就是说,在日本社会中他们是流动着的,他们与日本社会保持着距离。也有人会选择住在警察监管不到的地方,他们趁机在公寓里赌博、嫖娼、吸食鸦片。特别是嫖娼与吸食鸦片,频繁被日本媒体曝光。于是,日本有人投稿"挥洒血泪向警视总监及学校当局者控诉"[2],"应该把腐败的中国留学生从神圣的日本帝国中驱逐出去",并谴责"鸦片艳恼杀日本学生(鸦片和女人让日本学生神魂颠倒)",批

---

[1] 実藤惠秀:『増補 中国人日本留学史』,くろしお出版1970年版,第70頁。
[2] 早稲田健兒團總代(投):「淫風早稲田を亡ぼさんとす」,『冒險世界』1909年第2号,第57—60頁。

判留学生给日本带来的极坏影响(见图 5-2)。当然,大多数寄宿公寓的房东是日本人或中国人,他们不可能不知道留学生这样的行为。不止如此,他们有时甚至为了做生意而利用留学生。1906年7月1日《东京朝日新闻》上有一篇《厉行取缔外行房东寄宿》的报道称,出现了很多没有经营许可的出租公寓,他们把房子租给留学生,政府因为担心败坏社会风气,于是加强了相应的监管。这样的报道导致日本人对留学生的整体印象更加差,其结果就是留学生越来越被孤立。众所周知,1905年日本文部省公布《留学生取缔规则》时,在留学生中掀起了大规模的抗议运动,特别是第9条规定,"受选定之公立或私立学校,中国学生都要被安排在学校的寄宿舍或由学校监督的外部住宿设施中住宿,并接受校外监管",这是引起留学生不满的条款之一。也有说法认为清政府说服了日本政府,这些条款是为了监管正在为革命运动筹划的在日留学生[①]。

图 5-2 鸦片艳恼日本学生

---

① 实藤惠秀:『中国人留学史稿』,日華学会 1939 年版,第 130 页。

留学生教育界也担心住房问题会给留学生教育带来不好的影响。上田万年很早就关注到了这个问题,他在《关于清代赴日留学生》中说道,从起床睡觉到闲暇时间要设定严格的安排,讲堂、自习室、卧室、食堂、浴场等设施要齐全,要考虑到天花板的高度和空气流通,他还强调了宿舍中严格监管留学生的必要性[1]。但是,实际上由于资金方面的原因,很难在所有的留学生教育机构中实现。之后,帝国议会等也提出过这个问题,但是到了大正、昭和时代该问题也未能有效解决[2]。

本章从衣、食、住等方面论述了留学生的生活,包括日本社会对留学生不协调的搭配及外表的嘲笑、狭小的居住空间、噪声问题、饮食文化和习惯的差异,以及与日本人接触时的语言问题等。对留学生来说,课堂外的困难比想象中的更多,于是同胞之间开始倾向于抱团。留学生在远离日本社会的住所赌博、嫖娼、吸食鸦片,引来了媒体的大肆渲染。我们不能否定有些媒体纯粹是为了煽动人们的好奇心[3],但媒体的报道使日本社会对中国留学生的印象更加恶化,由此陷入恶性循环,加深了留学生与日本社会的隔

---

[1] 上田萬年:「清国の留学生に就きて」,『太陽』1898年第17号,第13—14頁。
[2] 中国留学生的问题首次在帝国议会上被提出是在1918年的第四十届帝国议会众议院会议上。1921年2月9日,在第四十四届帝国议会众议院上,经内藤滨冶等29名议员同意,通过了《中国留学生相关问题意见书》,其中就住宿问题进行了阐述。
[3] 押川春浪:「早稲田学生諸君並びに清国留学生諸君に答ふ」,『冒険世界』1909年第3号,第67頁。该文如此评价媒体对留学生的报道:"当时新闻杂志毫无责任心,为勾起世人的好奇心不择手段,隐瞒留学生之优点,苛责其过错,极尽漫然夸大鼓说,使我国人信其言多矣……招致令人悲哀之误解也。"

阁。此外,留学生本来应该受到教育机构的教师的保护,却被部分教师无情地嘲笑,他们的留学生活内外交困。因此,正如前文石陶钧回忆的那样,现实中留学生和日本人的接触少也在情理之中。

留学生们与日本社会保持距离,也可以说是不主动去了解日本社会和文化。这里必须提及的原因是短期留学——明治时期中国留学生的特征。对许多人来说,留学的最终目标就是出人头地,留学只不过是取代了科举的另一种选拔方式。因为6—8个月后他们就回国了,所以没有必要深入考察日本社会和文化,只要学好自己的专业就可以了。即使他们想了解日本社会和文化,但时间太短了,这么短的时间内恐怕连日本的生活都还不能完全适应。周作人说:"很多留学生不适应日本的生活……我们总是嘲笑这些人。……即使学了一点点技术也只不过是些微不足道的东西,如果不从生活着手亲身体验的话,就无法深入了解日本。"[①]也就是说,很多留学生没有去了解日本社会和文化,也不适应日本的生活,就这样早早地结束留学回国了,这是对典型的留学生界风潮的批判。值得注意的是,也有人通过在日本留学的体验,试图改变中国普罗大众的生活,展开复兴国家和民族的"新生活运动"。

在各种错综复杂的因素影响下,留学生在衣(辫子和服装)、食、住方面产生了比想象中更多的问题。昭和时期,大冈山出现了以留学生为中心的唐人街,这里也和明治时期一样产生了同样的问题。由此可见,本章论述的是超越时代的共性问题。

---

① 周作人著,木山英雄訳:「日本管窺の二:日本の衣食住」,『日本談義集』,平凡社2002年版,第333頁。

第六章

清代赴日留学的落幕
——宏文学院关闭

在第四章和第五章,我们讨论了留学生和日本社会的交流存在重重障碍。本章将分析留学生机构和留学生的关系、日本社会对留学生的情感变化,以及留学生教育机构的应对方法,探究清代赴日留学的落幕。

第一节　留学生与教育机构的关系——嘉纳治五郎和杨度的辩论

一、辩论的开端

集体罢课是明治时期中国赴日留学生的常见行为之一。其原因有许多,但根本原因还是留学生和留学生教育机构之间没有建立起基本的信赖关系。嘉纳治五郎和杨度的辩论正反映了这一根本问题,同时嘉杨的辩论也确立了教育机构和留学生以后的关系。

杨度曾就读于日本法政大学和早稻田大学,回国后参加了袁世凯的帝政运动,后来又秘密加入共产党。杨度也因为拥有如此不凡的经历而被大家熟知。和嘉纳治五郎辩论时,杨度正作为游历官在日本考察学习。当时的杨度作为旁听生在宏文学院旁听了4个月,并不是正式的留学生,但不论是打算赴日的中国学生还是已经赴日的留学生都熟知嘉杨的辩论,留学生之间也经常就嘉杨的辩论内容展开讨论。

1902年《新民丛报》刊登了杨度的《支那教育问题》一文,文中记载了两人的辩论情况①。《杨度传》中的"留学日本"一章里也记录了两人的这场辩论②。需要注意的是,根据《新民丛报》,两人不仅存在对立也存在意见相统一的地方。因此,只强调两人的对立失之偏颇。

1902年10月,由湖南省派遣的速成师范科生结束了6个月的留学生活,回国前夕,嘉纳治五郎发表了讲话。杨度也参加了这次活动。杨度作为学生提出了问题、表达了意见,嘉纳治五郎对其进行了认真的回复。两人的辩论多达4次,嘉纳治五郎甚至专程抽出时间将杨度请到自己家中,由此可看出两人对辩论的重视程度。这里首先根据《新民丛报》和《杨度传》来回顾当时的大致情况③。

第一次辩论发生在1902年10月21日,当日嘉纳治五郎在宏文学院发表讲话,参加者里有许多湖南省及各省的师范科学生,以及杨度、戴展诚2名旁听生。

嘉纳治五郎根据自己在中国的教育视察经历陈述了普通教育的必要性、培养教员的方法,以及大学、专业学校的开设情况。当话题说到法律专修学校的开设时,嘉纳治五郎说学法者必须要接受道德教育。原因是现在的清政府高官中有许多顽固保守派,而民间的激进派没有执行进步主义的能力,被清政府视为眼中钉。

---

① 杨度:《支那教育问题》,《新民丛报》1902—1903年第23—24号。
② 何汉文、杜迈之编著:《杨度传》,湖南人民出版社1979年版。
③ 本章也参考了以下文献:北冈正子:『鲁迅日本という異文化のなかで:弘文学院入学から「退学」事件まで』,関西大学出版部2001年版,第271—296頁;中村義:「嘉納治五郎と楊度」,『辛亥革命研究』1985年第5号,第41—48頁。

第六章 清代赴日留学的落幕——宏文学院关闭

但是用叛乱推翻政府只会引发内乱，招来外国列强的蹂躏，因此民众需要用诚意打动政府，获得统治者的信任后，慢慢施展自己的才能。嘉纳治五郎讲述了自己在中国教育视察期间，政府高官提出的疑问：怎么看待学习法治经济的留学生倡导自由民权一事。嘉纳治五郎回答道：中国没有宪法，也没有议会，无法保留现行的旧法，治外法权也没被收回，所以必须培养懂得外国法律的人才。嘉纳治五郎最后还回答道：为了不让"权利义务"被误认为"只根据自己的需要让别人承担责任"，非常有必要对学法者进行道德教育。随后嘉纳治五郎结束了讲话。

正当嘉纳治五郎准备离开时，杨度提出了问题：表面上是害怕保守派和激进派发生冲突，但实际上很多高官只把保全自我放在第一位，并没为国家和人民效力的真心。他们没有本来应该有的为国民效力的真心，对于这些官员应该怎么办呢？此次提问拉开了嘉杨辩论的序幕。对于这一问题，嘉纳治五郎回复"改日再论"。

第二次辩论发生在10月23日，地点是宏文学院，参加人员和第一次相同。嘉纳治五郎说虽然在专业型的实业教育中普通教育非常重要，但应用型的实业教育不需要普通教育。嘉纳治五郎还说，清政府之所以实业不振是因为人民缺乏爱国心、缺乏凝聚力。关于这一点，嘉纳治五郎认为教育者必须重视爱国心的培养。

之后，嘉纳治五郎终于回答了上一次杨度的提问。他认为因为清政府有权禁止自费留学生出国留学，但过激的行动会阻碍将来的发展。即使官僚腐败，也不应该将他们看成人民公敌，打倒他们，而应该看作是官员个人的品质低下问题。

对此,杨度认为施恶行的权力者的背后有更大的权力者,即使揭发个人的罪行也无济于事。杨度反问道:"这难道是要我们和背后的大权力者成为一丘之貉吗?"嘉纳治五郎回答道:"今天无法完全讨论清楚这个问题,我想在30日在我家里继续讨论这个问题,想参加的人届时请出席。"随后嘉纳治五郎结束了辩论。

至此我们可以看出嘉纳治五郎主张的是普通教育和实业教育的振兴,是兼顾道德教育的重要性和维持清政府统治的渐进式改革。日本教育取得的成绩、之前留日学生教育的成功和好评,以及在中国教育视察的旅行体验,这些给了他很大的自信,他也由此形成了以上对清政府教育及改革的看法。尤其是对于中国教育,嘉纳治五郎抱有部分消极的看法。嘉纳治五郎在日本接收到的信息与实际情况有很大的差距,看着清政府守旧派对明治维新教育改革的不理解和抵触,他分析道:"今天的中国尚未因激进的论调而达到完成其发展的气势。如果出现激进言论,现在的清政府统治者定会表示反对。"因此,他提出了"渐进式改革"[1]。除此之外,嘉纳治五郎的学生在成城学校入学事件和唐才常起义中成了牺牲品,这也对他形成这一想法造成了一定的影响。

对此杨度虽同意教育振兴这一观点,但认为在腐败的清政府统治下完成国家振兴非常困难,若要尽快获得成果则急需革命。这里需要注意的一点是,嘉纳治五郎目前为止接收的大部分留学生与杨度的情况并不相同。当时清政府高官和各省派遣的留学生大多想回国做官,而维持清政府的统治是其大前提。因此,对像杨

---

[1] 嘉納治五郎:「清国巡游所感(一)」,『国士』1902年第50号,第3页。

度这样的学生,嘉纳治五郎不知道应该如何应对,感到困惑至极。之后,杨度和嘉纳治五郎的辩论逐渐达到白热化。

二、从服从教育到公理主义教育

此后进行了第三次(10月30日)和第四次(11月5日)辩论。第三次辩论的参加人员有杨度、戴展诚、浙江省师范科的1名学生、湖北省的2名考求警察委员,以及担任口译员的1896年第一批赴日留学生中的唐宝锷。第四次辩论的参加人员有浙江、江苏、广东、湖北的师范科学生10多名,湖北省的考求警察委员1名和口译员唐宝锷。这两次不再以嘉纳治五郎的讲话为主,而是以双方的辩论为中心展开。

杨度问道:"如果保守派和激进派发生冲突将来会怎样?"可能是过于想尽快实现国家复兴,杨度的表现近似焦急。嘉纳治五郎答道:"保守派和激进派发生冲突会导致外国人侵、国家分裂,中国人没有国民共识,但形成全体国民的共识十分重要,为此很有必要振兴教育。"同时嘉纳治五郎还说到了对年轻人和老年人的教育方法,他提出要设立学校和学会,大力兴办报纸和出版物,并进一步宣扬利用小说进行教育的效果之快。嘉纳治五郎所提倡的不是通过革命,而是通过基于教育的渐进式改革来维持清政府的统治。

这些回答并不能使杨度感到满意。保守派和急进派发生冲突,用杨度的话来说就是"运动"。杨度以法国革命之后的欧洲革命、明治维新的倒幕运动和立宪运动为例,阐述了"运动"促进文明进步、振奋民心、提高人民生活和文化水平的观点。杨度用明治维新来举例,对此嘉纳治五郎无法反驳,赞同了"运动"可以促进文明的进步这一观点。但是嘉纳治五郎又说到清政府和日本的情况不同,并反驳道:"如果有外国的干涉又该怎么办呢?"嘉纳治五郎主张的"渐进式改革"和杨度主张的"运动"即革命,看来是无法达到观点上的一致了。

之后两人就国民教育的普及及其程度展开了辩论。嘉纳治五郎认为应该先参考国内外的学说,并将两者结合折中,再制定本国的教育政策。但是杨度回答说清政府并没有那样的人才,还问道:"中国人的教育具体应该怎么做?"嘉纳治五郎说道:"这个问题太过广泛,我无法回答。"

接着,嘉纳治五郎说道:"我们东亚必须携起手来,共同对抗西方列强。为实现这一点必须以儒教为宗旨。"虽然不知道杨度对儒教的看法,但是当宏文学院的学监太久保带着留学生去御茶水的孔子庙参拜时,大部分留学生都表示十分失望。虽然清政府很看好嘉纳治五郎实行的以古老中国文化为基础的教育理念,但是这种理念对渴望学习新知识的年轻人来说并不受欢迎。

对此,杨度也没有沉默。杨度阐述道:"东亚的势力关系显而易见。日本不敌西方列强,清政府统治者又服从于西方列强,最终结果只能是没有势力的人相互合作,这不能保护东亚。"

嘉纳治五郎还提到自己在中国视察时发现公民道德缺失,指出官吏和商人庸俗至极,官吏不顾及民生,商人只为自我利益贪得无厌。杨度提出,希望嘉纳治五郎能够实行使中国国内民族平等团结相互独立的教育。对当时的杨度来说,依靠自己的力量根本想不出解决办法,只能向日本请教方法,这对他来说是一个巨大的耻辱。

第六章 清代赴日留学的落幕——宏文学院关闭

嘉纳治五郎对杨度的请求表示赞同,他认为应该去除压制和服从的"劣根性",用爱使民族团结。最后,嘉纳治五郎把"公理主义"作为教育的最大方针。

杨度对把"公理主义"作为教育的根本这一观点表示信服,也表示希望通过嘉纳治五郎的教育振奋国民的精神。"公理"是用公德寻求集团和社会的利益,"公理主义"服从的是"公理"而不是权威。杨度所追求的正是这种观点。嘉杨两者的辩论最后在"公理主义"上达成一致,也算是以相互接纳的形式结束了辩论。

三、杨度的疑虑和嘉纳治五郎的变化

此后,由于和外国人进行深度辩论,杨度受到了同胞的责难。杨度表示那是因为自己无法抑制住内心的冲动。这也证实了嘉杨两人的确是发自内心进行了辩论。只是在杨度心中存在一个很深的疑问:

> 吾国将教育视作一大问题乃始于今日,众人皆以为遵照日本之做法即可,日本亦以为清政府代行教育为己任。……今日观之,来日学教育者遍及各省。然口口声声说要学习教育,但嘉纳治五郎君所教授奴隶教育是否能够避免被带回国并施行于国民之中,是否会有人能够做到这一点,实在令人怀疑。①

---

① 转引自嚴安生:『日本留学精神史—近代中國知識人の軌跡—』,岩波書店1991年版,第32页。一手资料来自杨度:《支那教育问题》,《新民丛报》1903年第24期,第115—116页。

杨度的确对嘉纳治五郎实行的留学生教育表示一定的肯定，但是对嘉纳治五郎提出的"服从"教育存在疑虑。杨度的疑虑是因为日本的留学生教育以维持清政府统治为第一要义，所以对汉民族来说是一种"奴化教育"。杨度在存留的笔记中写道，嘉纳治五郎对"运动"的反对是出于私心的[1]，这是日本为了掩饰目前国力不足而实行的牵制计划。日本的私心即进军中国。从杨度特地为此留下笔记可以看出他当时抱有十分强烈的疑虑，对嘉纳治五郎也有了戒备心。

两人发生辩论的时候，嘉纳治五郎说出了自己被批判一事。原因是有人认为在日本进行中国留学生教育会引来中国对日本的报复。但嘉纳治五郎始终表示留学生教育的目的是促进日本和中国合作，共同与西方列强竞争。

因此，笔者认为杨度的想法有些过于激进。关于中国，嘉纳治五郎在1901年发表的《积极向海外进发》一文中写道[2]：

> 踏入未开化之劣等国之结果，不只利于自身，且对世界文明贡献甚大。近者，中国即属此例。今日之清政府，萎靡不振。西方列强趁机威压，心不满足。此时，以东方先进国自居之日本国，应对可怜的4亿中国人提携诱导，授20世纪新知识，启迪其蒙昧，开拓天予之资源，挽将倒之国基。此实乃绝大快事。于日本人，中国实在是雄飞

---

[1] 厳安生:『日本留学精神史—近代中国知識人の軌跡—』，岩波書店1991年版，第25頁。

[2] 嘉納治五郎:「盛に海外に出でよ」,『国士』1901年第39号，第3—4頁。

第六章　清代赴日留学的落幕——宏文学院关闭

之好舞台,故吾希望教育家、实业家、学者、政治家,前赴后继奔赴其国,投锄犁。

此时嘉纳治五郎和杨度还未见面,但嘉纳治五郎已经在实行留学生教育了。从嘉纳治五郎所表现出的作为亚洲先进国家的自负,主张指导中国的贫民并图谋进攻中国这些来看,杨度心中的疑虑不无道理。

但是,已有研究虽然未曾提及,实际上在嘉纳治五郎身上已经渐渐感受不到杨度怀疑的其进军中国和实行奴化教育的意图。我们可以参考1902年嘉纳治五郎发表的《清国》一文。《清国》发表于嘉纳治五郎的留学生教育理念固定之后。欧美列强争相瓜分中国,和中国"辅车相依"的日本必然会有卷入分割旋涡的危险。因此,嘉纳治五郎主张"保全中国":

若要远离欧美诸强国之冲突,清政府须保障国防发展,我国须助之。我日本国无疑最适任。[1]

归根结底是中国必须自身应对,日本只是协助的角色。嘉纳治五郎还对前往中国的日本人说道[2]:

不为己利,而应带着真心为中国考虑之心赴华。

---

[1] 嘉納治五郎:「清国」,『国士』1902年第44号,第2—3页。
[2] 嘉納治五郎:「清国」,『国士』1902年第44号,第5页。

上述主张和宏文学院的设立原因有关。1896年以来,通过和留学生及有关人员的接触,嘉纳治五郎从露骨的本国利益优先变成了中国利益优先。当然在和杨度辩论的时候,嘉纳治五郎的想法也明显发生了改变。在和杨度辩论时,嘉纳治五郎表示如果没有"运动"的话日本会更加进步,也是为了警告对方要以日本为前车之鉴。如果真像杨度怀疑的那样,嘉纳治五郎可以直接说不要学习日本。更何况,嘉纳治五郎给东京高等师范学校的学生看日俄战争的战争遗迹,让学生们去中国修学旅行,把"知战争不幸之因尽其所能避战争之念"[①]作为其教育目的,都是在告诫切勿用武力进军中国。此外,当宏文学院经营状况恶化时,嘉纳治五郎甚至拿出自己的财产支撑办学,这点将于后文详述。如果嘉纳治五郎真像杨度怀疑的那样,应该做不到这一步。因此,嘉纳治五郎的本意并不是杨度所想的因为露骨的私心而进行留学生教育。但嘉纳治五郎"服从教育"的发言、对中国的状况和留学生界的认识不足,使自己的真正意图没能被杨度理解。这就如同扣错了一个纽扣那样,两者之间产生了非常大的误解。

杨度希望和仅流于形式的欧美留学不同,学生到日本留学能够学到更多精神层面的东西。但期望越大,和嘉纳治五郎辩论后的失望也越大。唯一欣慰的是,对于嘉纳治五郎在明治维新及其推动社会进步方面的成果经验、留学生教育方面的经验论述,以及

---

① 東京高等師範学校修学旅行團記録係編:『遼東修学旅行記』,東京高等師範学校1907年版,第2頁。

第六章　清代赴日留学的落幕——宏文学院关闭

对中国实地考察后得出的现实思考,杨度认可其中的可取之处。最终,两人在对西方列强的危机意识和对"公理主义"教育的认可上达成了一致。

虽然表面上杨度和嘉纳治五郎制造了中日教育交流、理解的契机,但遗憾的是交流并没有得到进一步的发展,甚至在交流之后杨度的疑虑进一步加深。

四、留学生的关注点及其影响——宏文学院学生退学事件

由于部分留学生旁听了嘉、杨的辩论,两人的辩论迅速在留学生界传开。尤其是最后的第四次辩论,参加人员有来自浙江、江苏、广东、湖北的10多名师范科留学生。第四次的参加人员多于第三次,由此可见留学生对辩论的关注程度之高。朱德裳来日本前在《癸卯日记》中写道:我读了杨度那篇关于中国教育的文章,文中记录了杨度和嘉纳治五郎的对谈,其分析非常透彻,怀中先生非常推崇该文。[①]怀中先生即杨昌济。1903年,杨昌济曾在宏文学院留学。此时,《新民丛报》已经在横滨发行。该文于1902年发表,因而1903年中国的留学"预备军"能够购买阅读到。可以说,无论在日本国内还是在中国国内,该文都受到了很大的关注。

问题是杨度这篇关于中国教育的文章在留学生中产生了怎样的影响?很快这种影响便在宏文学院以"运动"的形式表现出来。讲道馆收藏的资料中就有"本月学院有众多学生携行李胡乱外宿"

---

① 参见厳安生:『日本留学精神史―近代中国知識人の軌跡―』,岩波書店1991年版,第32頁。

等记载。①共有48名留学生外宿,文豪鲁迅和许寿裳也在其中。讲道馆收藏的资料中没有详细记载,但《浙江潮》中的《记留学日本弘文学院全班生与院长交涉事》一文对此进行了报道②。

该事件发生于1903年3月26日,起因在于宏文学院向留学生代表出示学校规则一事。留学生代表表示需要和其他留学生商量,不能马上做决定。但是宏文学院的会计(总务干事)关顺一郎单方面表示这是学院决定的事情没有商量的余地,4月1日起必须实行新规则。留学生代表持续交涉,最终得以把规则带回去与其他留学生共同商量。

留学生们修改了规则中最重要的3条并把修正案交给关顺一郎。宏文学院制定的规则和留学生修改后的规则分别如下所示:

宏文学院的规则

一、除告退外,无论临时告假归国及夏假中归国者,每月须纳金6元半。

二、洗濯一月3次,每次一套自备之物宜由学生自理。

三、患病者2周之内医药金皆由学院支出,逾则学生自理。

---

① 講道館藏:「宏文学院関係史料」。
② 《记留学日本弘文学院全班生与院长交涉事》,《浙江潮》1903年第3期,第159—163页。

第六章　清代赴日留学的落幕——宏文学院关闭

留学生的修正案

一、临时告假归国者如议，夏假中归国者不纳。

二、洗濯一月4次，被单等亦宜洗。被单亦宜洗者，因宏文学费虽同成城（按：即东京成城学校，系中国留学生学习陆军的预备学校），而被褥等皆由学生自备也。

三、诊医以14次为度，药费亦如之，逾者学生自理。①

至此只是单纯的两者意见不合，只要双方愿意协商，事情并不难解决。但是第二天，宏文学院并未做出回应。为了表示抗议，留学生决定罢课。3月28日宏文学院认同了修正案中的一条，但是留学生希望学院同意所有修正案。学院再次召集留学生代表并告知无法全部同意。根据北冈正子的说法，当时一起参加的教务干事三矢重松（其后成为日语语法大家）对留学生进行了如下谈话：

诸君心里是否认为宏文学院不及成城学校和同文书院？不同的学校有不同的性质，无法将宏文学院同成城学校、同文书院相比较。关于修改规则一事，学院长有自己一定的想法。诸君如此反抗成何体统。如果诸君想要退学的话，我们不会强求你们留下。②

---

① 《记留学日本弘文学院全班生与院长交涉事》，《浙江潮》1903年第3期，第159页。中文译文参考山东师范学院聊城分院中文系图书馆编：《鲁迅在日本》，山东师范学院聊城分院1978年版，第60页。（译者注）
② 北冈正子：『魯迅日本という異文化のなかで：弘文学院入学から「退学」事件まで』，関西大学出版部2001年版，第334頁。

留学生明明没有宣布退学,三矢重松却表示如果不愿意接受新规则则可以退学。这不能不说是三矢重松的失言。

这里值得探讨的是,根据三矢重松所说,在成城学校和同文书院面前,宏文学院的学生似乎有自卑感。成城学校是陆军士官学校的预备校,校长是日本参谋本部的长官川上操六,但早在1902年7月就因为成城学校事件而停止接收留学生。成城学校和留学生的关系绝非一直很和睦。同文书院以"保全东亚"为宗旨,是由近卫笃麿领导的东亚同文会设立的留学生教育机构,但是其教育内容与宏文学院相同。因此,不明白留学生为什么会有自卑感。仅看表6-1中的毕业生人数,成城学校和同文书院的规模比宏文学院小得多,由此虽然可以推测出相对宏文学院,成城学校和同文书院对留学生细节方面的关怀可能更好一些,但是否也有一种"别人家的月亮更圆"的心理在作祟呢?

表6-1 各校毕业生人数[①]

单位:人

学校名称	毕业生人数
宏文学院	3810
同文书院	864
成城学校	168

[①] 该表根据以下资料由笔者制作而成:講道館藏:『宏文学院一覧』,1906年10月;滬友会大学史編纂委員会:『東亜同文書院大学史:創立80周年記念誌』,1982年,第63頁;阿部洋:『中国の近代教育と明治日本』,福村出版1990年版,第63頁。

第六章　清代赴日留学的落幕——宏文学院关闭

在听到三矢重松的话后,留学生们决定退学,次日3月29日便收拾行李离开了宏文学院。这是学生行使罢课权来达到自己要求的典型案例。嘉纳治五郎立刻联系各省的留学监督和总监督,希望他们能出面协调,在他的努力下,留学生才又暂时复学。但是又出现了新的问题。留学生进一步提出了以下要求:

一、撤去荒谬之教务干事及会计。

二、学生平日得与校长直接议事。

三、特开通学之例,以便自费学生。通读即走读,日本学校之大半皆有此例。

四、各科课程皆须更订,以图改良。

五、保送本校毕业学生入各专科学校,不得有官费私费、通学不通学之歧视。

六、实行学生请改之二条规则。

七、实行原订学校代备教科用书之规则。[1]

宏文学院绝没想到事情竟会发展到这一步。留学生提出了新的要求,实现这些要求需要付出的代价也很大。最终,除第一条和第七条之外,嘉纳治五郎答应了其余所有要求。

通过观察留学生提出的新要求,我们就会发现对留学生来说

---

[1]《记留学日本弘文学院全班生与院长交涉事》,《浙江潮》1903年第3期,第161页。

学校的管理并不规范。在第三章我们提及过上述第四条中的课程改良,在那之后留学生再次以更换教师等形式提出过课程改良的要求。第三条中的走读制度后来也引发了一系列问题,包括留学生的宿舍和寄宿问题,此问题进一步发展成1905年颁布的《留学生取缔规则》第九条的问题。第五章也说到过因为留学生和日本社会产生了摩擦,所以校方不同意走读制度。值得注意的是,这些要求提出的时间刚好在宏文学院扩张后不久。该事件以嘉纳治五郎同意了其中的5条要求看似就要平息下来,但随后双方就走读制度再次爆发了激烈的冲突。

4月7日,留学生总监督汪大燮给计划退学的留学生写信,传达了能够复学的消息。由于留学生中有10多名希望实施走读制度的自费留学生,所以留学生向总监督请求,想就走读制度和学费一事与嘉纳治五郎进行交涉,但是嘉纳治五郎突然否决了曾经答应的走读制度。留学生们从总监督那里听到这一消息后推测,既然嘉纳治五郎拒绝了走读制度,想必也会拒绝其他要求。

也许是想避免留学生再次发生"运动",嘉纳治五郎最终还是同意了走读制度,但他向留学生提出了以下条件:

一、宏文学院于住院生外添设通学生。

二、通学生只限于自费生。

三、通学生之权利义务如住院生一律。

四、通学生之入学按其志愿学力分编各科各班,但志愿一科者满20人以上者得另添一班。

五、通学生暂不设额,学院教室可容即得编入。

第六章 清代赴日留学的落幕——宏文学院关闭

六、通学生按月纳在学费4元,其余房饭书籍衣服等费概归学生自理。

七、通学生须同住一寄宿舍,由院长派人同住,监督品行,照料学事,至监督费由学院支给。

八、通学生须着学院制服。

九、通学生寄宿舍应用器具学院得量力借与,应须各款,学院亦得代垫。[①]

由此可见,嘉纳治五郎已经做了很大让步。嘉纳治五郎还决定举办复学仪式。这可能是考虑到不这样做的话,两者的关系无法修复。嘉纳治五郎计划在复学仪式上宣布对三矢重松等宏文学院职员的处置决定,更换掉教务干事三矢重松。但为了保全教育机构的面子,嘉纳治五郎希望留学生们为此次事件道歉。

留学生们在清政府留学生会馆商议,虽然参加复学仪式的留学生非常少,但大部分留学生对嘉纳治五郎提出的条件表示满意,或是觉得继续抗争下去太麻烦了。但仍有10多名留学生认为嘉纳治五郎提出的条件中有些根本无法实现,更何况留学生道歉这种行为是一种侮辱,涉及国际名誉。最后,参加者全员经过商议又提出了以下条件:

一、速成师范之通学生按月纳在学费4元,其余房饭

---

① 《记留学日本弘文学院全班生与院长交涉事》,《浙江潮》1903年第3期,第163页。

书籍衣服等费概归学生自理。唯普通科年限较长且无译人准纳半额。

二、走读生满10人以上同住一寄宿舍,唯如有陆续踵至之少数学生不便特住一寄宿舍,准其暂寓旅馆,至监督之有否,唯学院自便。

三、回院复学仪式,先校长演说,次学生答辞。①

从嘉纳治五郎的角度来看,不论采取怎样的措施,事态依然在不断恶化。留学生要求如果没有翻译则只缴纳一半的学费。但是大部分留学生的日语水平很低,实际上约等于零,而且很难做到每个学生都配一名翻译。如果学费减半,留学生们定会都要求减半。对于嘉纳治五郎要求留学生们在复学仪式上道歉,留学生们决定只进行答辞,留学生们到最后也想在心理上处于有利地位。

留学生们请留学总监督汪大燮向嘉纳治五郎提出以上条件,但汪大燮觉得要求有些过分便拒绝了留学生们的请求。

留学生们再一次就提出的条件进行了商议。其中有人主张使用极端手段,有人提出反对意见,最终留学生内部未达成统一意见。明治时期最大的留学生运动,即反对《留学生取缔规则》运动,最终以留学生团体的分裂而结束,这是当时中国赴日留学生界的特征。

嘉纳治五郎也表明并非一定要留学生们道歉。4月16日,宏

---

① 《记留学日本弘文学院全班生与院长交涉事》,《浙江潮》1903年第3期,第164页。

文学院举行了复学仪式。万万没想到的是嘉纳治五郎竟然在仪式上向留学生们道了歉,但是留学生们并没有道歉而只是进行了答辞。留学生们的要求最终也被满足。这一运动以留学生方的胜利告终。

只看这次运动的经过的话,并不能看出其与嘉杨辩论之间的关系。《浙江潮》报道了这次运动,《浙江潮》是由浙江籍留学生创办的刊物。发起退学的48名留学生中,浙江籍的多达16人[①]。因此,《浙江潮》的报道能够反映留学生的一些想法。报道一方面认为嘉纳治五郎对留日学生教育十分热心,另一方面又认为他想以"巧妙狡猾的笼络"[②]和"服从教育"取代清政府的教育。但仅从该运动是得不出上述结论的,所以还是杨度和嘉纳治五郎针对"中国教育问题"的辩论的影响更大。报道还指出,这次退学事件绝非一时的公愤,而是诸多问题积累后的大爆发。此外,报道还写道:

> 目前,我朝对于是否开设学堂的议论遍布朝野,但仅以"课程腐败、职员顽固、形式不周"来描述其学堂的精神是片面的。我国的部分不喜思索没有抱负之人自然倾向把本国人交给外国人来帮助其受到教育。他们不知道,日本已经计划了很久,要剥夺我们受教育的权利。同志们,站起来吧!让我们改造国民精神,激发国民热忱,普及教育,确立普通教育的基石。……那些被赋予我国教

---

① 講道館藏:「宏文学院関係史料」。
② 《记留学日本弘文学院全班生与院长交涉事》,《浙江潮》1903年第3期,第157页。

育责任的人应马上振奋精神,传播教育,并首先完善"常识",然后再东渡日本。我们不能幻想"扶桑三岛"是创立我国"学林"的地方,是人才培养的"福地"。①

报道一面在感慨中国教育现状,另一面也表现出了对日本和留学目的地的戒备心。此外还提议学生应修完普通教育再去日本留学,倡导不要全盘依赖日本。虽然之后清政府也否定了在国外接受速成教育的必要性,但是值得注意的是此时留学生便已经认识到了这一点。

这次退学运动原本是由针对宏文学院的学校运营这一简单问题而引发的。嘉纳治五郎一开始也认为问题会立马得到解决。然而,对于留学生来说,这个简单的问题在他们看来却成了嘉纳治五郎的学校管理和对应策略中的一种"巧妙狡猾的诱惑手段"。虽然嘉纳治五郎最后没有要求留学生道歉,但是留学生对曾经要求他们道歉的嘉纳治五郎失去了信任,认为其思想基础为"服从主义"和"臣仆之臣",甚至对日本留学开始抱有戒备心。对嘉纳治五郎来说,这是意料之外的结果。为了解决问题,他只能向留学生道歉并且接受他们的条件。

嘉纳治五郎一方也有值得同情的地方。留学生并非定期入学,人数不确定,而且一直在增加。因此要全方位做好教职员、住宿、教学内容等方面的工作非常困难,更何况留学生来自有着不同

---

① 北冈正子:『魯迅日本という異文化のなかで:弘文学院入学から「退学」事件まで』,関西大学出版部2001年版,第365—366頁。

第六章 清代赴日留学的落幕——宏文学院关闭

文化的他国。不仅是嘉纳治五郎，留学生也没想到事态会升级到这一步。前面提到的"我们不能幻想'扶桑三岛'是创立我国'学林'的地方，是人才培养的'福地'"，并非只传达了戒备日本的意思。普通教育是跨文化交际的预备教育和基础，很多留学生连普通教育都没有学过，他们对赴日留学抱有过大的期待。但教育机构的接收准备不够完备。留学生直面这些现状的时候自然会感到失望，以致最后引发骚动。也可以说，上述言论是在批判这些现象。

此后，拒俄运动[①]等大小运动相继发生，1905年掀起了明治时期最大的留学生运动——反对《留学生取缔规则》运动。周一川认为拒俄运动是留学生发起的首次大规模运动，在此之前没有发生过实质性大的反抗运动[②]。从规模上来看，拒俄运动的确是大规模留学生运动的开端，影响很大。不过，宏文学院的退学事件早于拒俄运动。运动前一年的7月份发生了成城学校入学事件，引发留学生回国的骚乱。这一连串事件的影响不言而喻。正因如此，才引发了宏文学院留学生的退学运动。以《浙江潮》为代表的留学生编辑的出版物也对该事件进行了报道。除当事人以外，留学生监督也被卷入此次骚动。此次事件因发生在中国留学生教育机构总部的宏文学院，故对中日的留学生教育相关人员来说是一次很大

[①] 义和团运动爆发，沙皇俄国举起保护铁路大旗进军中国东北地区，义和团运动被镇压后，俄国也不撤兵，并向清政府提出"七项撤军新条件"。1903年4月经东京的报纸报道，在日的中国留学生知道后，多次组织进行了反俄运动。

[②] 周一川：『中国人女性の日本留学史研究』，国书刊行会2000年版，第67頁。

的冲击，也对后来的留学生产生了影响。此后，一系列留学生运动都围绕嘉纳治五郎和杨度辩论的论点——对日本的戒备心、服从教育等概念进行。和鲁迅一起留学于宏文学院的许寿裳也经常对中国国民性的缺点进行论述：杨度所提出的"劣根性"、被征服的奴隶属性必须以"运动"这种革命形式进行根除。这个结论在留学生的思想和潜在意识里不断发酵，导致发起运动的留学生的结论总是与嘉纳治五郎和杨度的辩论论点相一致。嘉纳治五郎和杨度的辩论本应该是加深双方相互理解的好机会，但因疏忽了相互理解，使之产生了负面影响。

第二节　日本社会对中国留学生的情感变化

1902年以后中国留日学生人数激增。与之相应的是日本社会对中国留学生和留学生教育机构的印象也发生了变化，尤其是媒体方面表现显著。

日本国立教育研究所名誉所员阿部洋领衔的近代教育史研究会收集了788篇关于中国留学生的文章。文章来自教育相关杂志[①]和《读卖新闻》中关于留学生的报道。笔者试图通过这些文章来追寻媒体对中国留学生和留学生教育机构的情感变化。图6-1显示的是有关中国留学生的文章的数量变化。

---

① 近代アジア教育史研究会編：『近代日本のアジア教育認識』附巻Ⅱ，龍渓書舎2002年版。

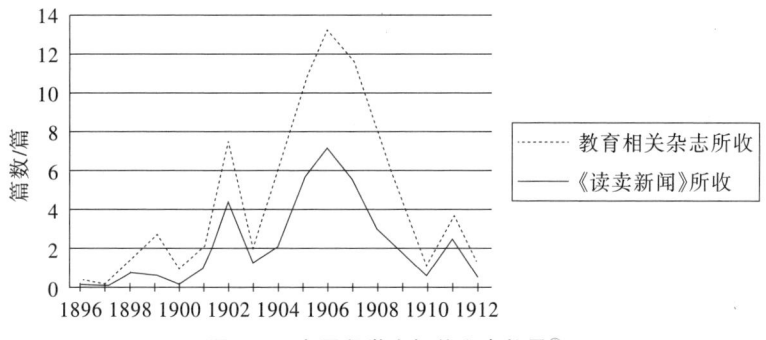

第六章 清代赴日留学的落幕——宏文学院关闭

图6-1 中国留学生相关文章数量[1]

从图6-1中可以看出，教育相关杂志和《读卖新闻》的文章数量变化大致相同。1902年以后留学生人数急剧增加，1906年达到顶峰。文章数量的变化和留学生的人数变化成正比。因成城学校入学事件和辛亥革命爆发，不断有留学生回国，1902年和1911年的文章数量呈现出短暂的上升现象。虽然有待进一步确认，但是可推测这两次运动前后媒体对留学生的关注也呈现了同样的变化。从时间轴来看，1900年前后文章非常少，且几乎所有的文章都是关于留学生来日和留学生教育机构的状况的。例如1899年3月15日《读卖新闻》上报道了"清代赴日留学生20余人上京"。同年4月10日《东亚时论》以《第三批中国留学生的到来》为题，甚至对留学生的名字和出生地也进行了报道[2]。文章数量虽然少，但是连细节部分也都有所提及，由此可见媒体对留学生的关注程度。

同时期呼吁对留学生的关注和细致关怀的文章很多。例如，1899年《东亚时论》就日华学堂的近况进行了这样的报道："新生

---

[1] 图6-1由笔者根据《读卖新闻》（1896—1912年）等文献制作而成。
[2] 「第三回清国の留学生來る」,『東亞時論』1899年第9号，第43—44頁。

227

仍处于单词练习初步阶段,但从他们积极学习不倦怠的样子中可以看到光明的未来。"①文章表现出对留学生未来的期待。1898年7月25日《教育时论》的《关于中国留学生的待遇》一文写道:"我们不能因为甲午战争中国战败,便以胜利者的姿态傲慢或粗暴地对待战败国的学生,也不应以不尊重的态度对待他们。我们必须对他们进行精心的教育和监督,以回应清政府派遣学生的诚意。"②该文表现出对甲午战争后的复杂心理的理解,并且提出必须真诚地推动留学生教育。

此外,这些文章对留学生的生活层面也表现出了关怀。同年8月10日《女学杂志》上登载了一篇题为《应对留学生热情》的文章③:

> 我国留学中国、朝鲜书生,甚感对其待遇、爱顾不足。对其教育在学问上,少有人考虑其还需要什么……彼等留学生离家来到这里。对其最好的安慰,是找到如家般之场所。就如乡下书生来东京学校,其在私塾和宿舍生活不愉快,故将感情寄托于牛肉店等地,以得安慰。若东京有亲戚、熟人、知己,有一个舒心之家,星期日等时常能出入于此处,极为愉快。一种仅进入家中、吸吮其中空气便可饱腹之心情。同为日本人,且还是在日本,仅在首都

---

① 转引自近代アジア教育史研究会编:『近代日本のアジア教育認識』,龍渓書舍2002年版,第25頁。一手资料为「日華学堂の近況」,『東亞時論』1899年5月10日。
② 「清国留学生の待遇に就て」,『教育時論』1898年第478号,第36頁。
③ 『女学雑誌』1899年第493号,第2—3頁。

228

第六章 清代赴日留学的落幕——宏文学院关闭

留学,已是如此。故从海外远道而来之留学生,举目无亲……学校放假也无处可去,去热闹人多之处,也无熟人,越热闹也越寂寞。时而进入饮食店,亦会被嘲笑、被宰,极不愉快。如此,安慰这些不愉快,使其满足,与亲切之家庭往来,接受熟悉、温柔之妇人待遇……欲实现之,关于此主意当然需要妇人之理解,即使妇人想做,家中男子不赞成,也做不成。故男子女子皆需赞成此主意,望对留学生献出多一点热情。

文章倡导大家积极支持留学生的生活,肯定了留学生的大好前途,建议应该大力地推动留学生教育,甚至在生活层面也要给留学生家庭般的温暖,这些情感的背后固然有"保全中国"的目的,但当时的留学生不到160人[①],日本人还是能够以从容的心态来提供援助。

1902年,文章数出现了短暂的增加。这是因为这一年发生了2起和留学生有关的事件,分别是驻日公使蔡钧写密信给清政府主张停派留学生的事件和成城学校入学事件,引起了媒体的广泛关注。对于驻日公使蔡钧的密信,1902年4月5日《日本人》杂志中收录的《妄图阻止中国人游学》一文进行了批判[②]。关于成城入学事件,1902年8月25日《教育时论》中的《中国留学生的去留问题》一文表示"留学生们对公使的举动已然失去了作为学生的本

---

① 房兆楹:《清末民初洋学学生题名录初辑》,中国台北"中央研究院近代史研究所"1962年版,第43—44页。
② 国府種徳:「清人遊学阻止の妄」,『日本人』1902年第160号,第9—12頁。

分，不可原谅"，对留学生的行为进行了批判①。但另一篇《蔡公使与中国留学生的冲突》又写道："蔡钧密信事件以来，中国留学生对蔡钧公使一直怀有不满情绪，近期发生的保证问题事件，公使处置方式颇令人怀疑，决不能只谴责留学生。"言语之间透露出对留学生的偏袒②。关于这里提到的入学保证问题，该文表示"尽可能提供便利入学，教授其以文明日新的学术，以此来助力邻国的富强"，倡导应帮助留学生入学③。

后面会提到，关于1905年的反对《留学生取缔规则》运动，日本社会对留学生运动进行了猛烈的批判，但对成城学校入学事件并非如此。虽说成城学校规模较小，但是事件牵涉到了驻日公使馆、官府和留学教育机构，更有400名留学生为此准备退学回国。但是媒体将该事件与驻日公使蔡钧上书阻止日本留学一事联系起来，对留学生运动一事本身虽然也持批判态度，但对蔡钧的处理方式和密信行为的批判远远高于对运动的批判，对留学生反而是一种同情的态度。值得注意的是，这时的媒体始终站在留学生一方。

在生活层面上，1903年10月15日《读卖新闻》中刊登了题为《令中国留学生烦恼的诈骗事件 神田开业 预先付款的现金欺诈》的文章，文中称神田区新开张的一家行李运送店，以预付现金的方式对留学生实施诈骗。该文表现出对身为被害者的留学生的同情。根据以上可以看出，这个时期真心对待留学生的态度逐渐深

---

① 「清国留学生退去問題」，『教育時論』1902年第827号，第42—43頁。
② 「蔡公使と清国留学生との衝突」，『教育時論』1902年第827号，第42—43頁。
③ 「蔡公使と清国留学生との衝突」，『教育時論』1902年第827号，第214頁。

第六章 清代赴日留学的落幕——宏文学院关闭

入日本社会。

1906年之前,有关中国留学生的文章总体呈上升趋势。文章内容涉及留学生的来日、毕业,留学生机构状况和留学生的生活。尤其是1905年年末到1906年年初,文章写的几乎全为反对《留学生取缔规则》运动。

留学生人数达到顶峰的前一年,也就是从1905年开始,日本社会对留学生的感情开始发生变化。漫画杂志《东京Puck》第22号中有一幅名为《中国留学生的困境》的漫画(见图6-2),漫画旁边写着:"虽已经来到日本,但不知道选择何处学校适当,问警察亦不知道,遂问'此处有无阴阳师'。"[①]漫画讽刺了赴日的留学生。虽说他们已经来日,但不知该去何处学习,于是出现了咨询派出所的情况。日本社会所描绘的"认真学习大有前途的留学生"形象开始坍塌。

图6-2 中国留学生的困境(《东京Puck》第22号)

---

① 「清国留学生のマゴツキ」,『東京パック』1906年第23号,第349頁。

1905年12月,媒体大肆报道反对《留学生取缔规则》运动。此次运动不仅在明治时期中国留学生史上留下了浓墨重彩的一笔,也向日本社会大大彰显了中国留学生的存在感。但与1902年的成城学校入学事件不同的是,日本社会对留学生的态度变得苛刻。例如,1905年12月7日《东京朝日新闻》进行了如下报道:

> 东京市内各学校在学之中国留学生8600余名学生休学一事,是教育界目前仅次于大学教授联盟辞职之大问题,为留学生因对上月2日发布之文部省令留学生规定心怀不满。该省令可广、狭义之理解,但中国留学生对其过于狭义解释,其结果严重不满,且中国人特有之放纵卑劣意志,其团结亦颇不薄弱。

报道将留学生的反对运动视为教育的危机,可见其冲击之大,所有中国留学生都被视为"放纵卑劣",日本社会对中国留学生由同情变成了批判。因不满被评价为"放纵卑劣",留学生陈天华不惜跳海自尽以表抗议,此事件非常有名。同年12月14日《东京朝日新闻》的"时事小言"上写道:"如果需要驻日公使馆保证,可直接问公使馆。公使馆是否答应与日本无关。中国官民争端发展到后来,不知为何日本文部省却卷入其中……如果想回家,就回家吧。我们不介入一切争端。如果学生为这种事情闹事,那么他也没有在日本接受教育的意义了。"然而,《留学生取缔规则》上并没有写有关公使馆的保证一事。日本媒体在没有了解详情的前提下就一股脑儿对发起运动的留学生进行批判,甚至主张拒绝留学生来日。

第六章 清代赴日留学的落幕——宏文学院关闭

当时确实有2000多名留学生回国,该报道这么写也情有可原,但是报道内容还是过于情绪化了。《教育时论》写道:"如果因为他们的要求而撤销了《留学生取缔规则》,那么我国将会承担什么后果?"[①]日方坚持反对撤回《留学生取缔规则》。与成城学校入学事件不同,日本社会批判留学生,表现出一步也不退让的态度。正因为之前日本社会热忱地欢迎过留学生,现在的心情就好像遭受到了留学生的背叛一样。

1906年留学生人数达到顶峰,与此相应的文章数也达到顶峰。次年留学生人数骤减,与此同时文章数也减少了,但苛责留学生的文章只增不减。这一系列的文章提到的皆为以前几乎没有涉及过的留学生犯罪和生活方面的内容,包括衣食住方面的问题、男女关系。这些不仅在日本,在中国也引起了轩然大波。

媒体不仅报道了盗窃、暴力行为,还报道了吸食鸦片等情况。根据1907年10月19日《东京朝日新闻》中的《中国人吸食鸦片事件》一文,科举秀才江南留学生刘炎和他的同伴召集了同胞并让他们吸食鸦片,1次收取30钱。留学生中出现了经常吸食鸦片和售卖鸦片的人,而且刘炎还是个秀才,因此该事件带来的冲击非常大。当然报道也指出此次事件可能会给日本学生带来不好的影响。第五章曾提到,1906年9月15日团团珍闻以《鸦片艳恼杀日本学生》为题,谴责留学生之间流行的鸦片会毁灭日本学生,呼吁警察加强监督和管理。

1896—1904年,日本社会对留学生总体持欢迎的态度。但之

---

① 「清国留学生取締」,『教育時論』1905年第744号,第44页。

后对留学生的负面报道增加。当然面对这些报道留学生也提出了抗议。例如,早稻田大学的留学生以"中国人绝非淫畏民族"[1]进行了反驳。早稻田大学中国留学生同窗会干事林长民写道[2]:

> 我等留学生来游贵国已数年,而至今日贱诬之言、诬谤之声,不绝于耳,我等虽不敏,尤多少有气概……回顾数年前敝国学生最多之时其数逾万,彼皆远离故乡之地,骤然去父母之教而直入千里之外异邦,其中自然有几分不肖者,吾甚感遗憾。然近时人数已减,学问稍进,监督之法日益周密,大体言之,皆能束身自爱,然贵国之新闻杂志,徒拾一二事,概论其余学生,伤全体之感情。甚是无识。

从表述中我们可以看到,对个别留学生的报道伤害到了其他留学生,有些日本人也在批判部分报纸和杂志一味地写一些煽动人们猎奇心理的报道[3],但是留学生教育相关人员的发声出奇得少。虽然现在还无法得知其缘由,但恐怕留学生教育相关人员是为了避免与日本社会发生冲突而故意选择沉默。

不管怎么说,人一旦被贴上了标签便不容易被撕下。有关留

---

[1] 『冒險世界』1909年第3号,第60—61頁。
[2] 林長民:「清国留学生を罵れる自稱早稻田健兒團總代暴論を駁す」,『冒險世界』1909年第3号,第58頁。
[3] 押川春波:「早稻田学生諸君並びに清国留学生諸君に答ふ」,『冒險世界』1909年第3号,第67頁。

学生的运动、犯罪,甚至生活上的批判报道越多,日本社会对留学生的态度自然变得更加苛刻。许多留学生对日本教育机构渐渐失去了信任,而日本和中国也将这些留学生视为问题学生,留学生们只能待在熟悉的圈子里,犹如孤岛一样,渐渐给人以半吊子、品行不良且经常惹是生非的印象。最终,日本社会批判的矛头不仅指向留学生,也指向了留学生教育机构。

第三节　对留学生教育机构的批判与清政府留学生政策的转变

前面已经提过许多次清代赴日留学生教育的卖点之一是速成教育,但也出现了批判速成教育的声音,尤其是青柳笃恒发表了许多看法。青柳笃恒是早稻田大学中国留学生部管理留学生教育的相关人员。青柳笃恒在以《中国留学生教育问题》为题的论文中指出,中国留日学生接受的教育以速成教育为主,他们只在日本待上1年半,虽所获无几,但仍欢天喜地拿着毕业证书踏上归途。[①]青柳笃恒认为"速是能速,成是不能成"。他不相信速成教育的效果,持坚决反对的态度。

青柳笃恒对速成教育效果的质疑很快就引起了日本社会的共鸣,原因是1906年第二次归国留学生录用考试的结果不理想。事情开始于1901年,清政府让各省督抚根据归国留学生的修学科目和程度予以录用奖励。1904年12月制定《考验出洋毕业生章程》,1905年6月举行第一次录用考试。14名考生皆为赴日留学生,并

---

① 『東京朝日新聞』1905 年 7 月 17 日。

且全员通过了考试,从此日本留学受到了很大的关注。科举制度的废除为同年9月,当时清政府还未成立学部,因此第一次录用考试的形式参照了科举制度。首先把专业分成文理进行第一次考试,第二次考试在故宫的保和殿举行,主考官为慈禧太后与光绪皇帝。《清国时报》第6号介绍了第一次考试的情况,国际公法、诉讼、财政、机械学、科学,每种科目出了3道题,这些题目对于接受了中等、高等教育的留学生来说绰绰有余[1]。

1905年12月学部成立,次年4月公布了《考验游学毕业生章程》,此章程将留学生奖励考试的方法具体化。在这里需要注意的是,章程规定了考试资格,能够参加考试的学生仅限于以下2种:留学前中学毕业的学生必须在国外高等水平以上的学校进行3年以上的学习;中学没有毕业的学生先必须学习1年预科,再到国外的大学或大专以上的学校进行3年以上的学习[2]。但实际上留学2年半的学生也能参加考试,但大多数接受速成教育的留学生没有考试资格。

考试内容与6月的考试内容有些不同。第一次考试的内容与上次相同,为专业知识,各题有3问,但只需选择其中2问作答,选题方式与之前有所不同。第二次考试的内容为国文和外语各1题[3]。该章程颁布于废除科举后,从考试内容可以看出清政府开始重视学生的语言能力。

---

[1] 外务省政务局编纂:『清国时报』1905年第6号,第30—31页。
[2] 王岚:『戦前日本の高等商业学校における中国人留学生に関する研究』,学文社2004年版,第188—189页。
[3] 外务省政务局编纂:『清国时报』1906年第22号,第72—73页。

第六章　清代赴日留学的落幕——宏文学院关闭

1906年10月19日举行了颁布章程后的第一次归国留学生录用考试。章程重新规定了原有的等级，2次考试的分数（第一次考试为75分，第二次考试为25分，满分合计100分）合计为总成绩。80分以上授予最优等进士，70分以上授予优等举人，60分以上授予中等举人，50分以上授予与中学同等学力的证书，不满50分视为不合格①。考生总数为44人，其中进士9人、优等举人5人、中等举人18人、证书授予者3人、不合格者9人。9名进士和3名优等举人皆为赴欧美国家留学的学生，尤其是赴美留学生占比很大，而日本留学生中优等举人有2人、中等举人有13人②。赴日留学生中没有一人进士及第，这令日方十分惊讶。《太阳》1906年第16号对此进行了报道：

> 本年度进士考试中，日本留学生之成绩劣等，无一人及第，此事实让全体留学生教育丢尽脸面。很多留学生不励精学业，敷衍教材直读，宝贵时间只用于浅薄表相见闻。旨在速成，无普通学之素养，立刻学习专门学业，故励精勤勉者，遇到未预测的问题，亦失败……从日本教育界立场来看，中国留学生教育上之施设是否必要更进一步？都内数十所留学生教育学校中，不少只专门迎合学生之欢心，除满足其弱点、好奇心外，一无是处，没有必要对其更进一步取缔吗？③

---

① 外務省政務局編纂:『清国時報』1906年第22号，第73—74頁。
② 阿部洋:『中国の近代教育と明治日本』，福村出版1990年版，第123頁。
③ 『太陽』1906年第16号，第21頁。

此次归国留学生录用考试的结果让日本颜面扫地,其主要原因在于速成教育与部分留学生教育机构。关于上述"都内数十所留学生教育学校中,不少只专门迎合学生之欢心",实藤惠秀指出,仅一周就能获得毕业证书的被称为"学院""学商"的学校确实存在。但是这些与教育机构相去甚远,不能将其看作正规的留学生教育机构。此外,接受速成教育的留学生本身并没有考试资格,更不要说那些仅上过一周课就拿到毕业证书的学生了。媒体在不知道内情的情况下,只根据一次录用考试的结果就进行这样铺天盖地的报道,由此可见整个社会对赴日留学生的失望之深。这一结果更加验证了前一年对留学生的批判并不是无事生非。之后又因"包容作弊"和"贩卖毕业证书"等[1],留学生教育机构不断受到指责,其形象也越发差了。

在这里必须注意的一点是,留学生录用考试缺乏公平性。1908年7月20日《法律新闻》上有篇题名为《中国的新考试》的报道。报道指出赴日留学生在录用考试中,无论取得多么优秀的成绩也不及欧美留学生,即考试缺乏公平性。拓殖局委托樋口秀雄调查了中国北方地区,整理成《关于中国北方地区外国教育效果的调查报告》。该报告写道:(1)学部考试按学校来打分;(2)学部考试按学科来打分;(3)学部考试按欧美日留学人员修业年限的长短来打分[2]。尤其是第一点非常不公平,内容如下所述:

---

[1] 「留学生学校の堕落」,『教育時論』1908年第825号,開發社,第45頁。
[2] 『拓殖局報第十八 北清二於ケル諸外国ノ教育上ノ効果二關スル調査』,拓殖局1911年版,第8—9頁。

第六章 清代赴日留学的落幕——宏文学院关闭

一、欧美的官公立大学毕业生90分。

二、日本的官立大学及欧美的私立大学毕业生80分。

三、日本官立专业学校及私立大学正科程度毕业生70分。

四、日本私立大学专科毕业生60分。①

学部分数与考试分数相加得出的平均分为考生的最终成绩。最终成绩80分以上即进士及第。这么一来,日本官立大学毕业生须考80分以上,日本私立大学专科毕业生必须考100分才可以获得进士资格。这对欧美留学生来说有绝对优势。人们也是在第一次考试后才知道"按学校打分",对此赴日留学生表示坚决反对,张之洞也进行了抗议,考试委员会陷入了纠纷。但是直到1911年废除留学生录用考试,这一规则都未被修改。在没有考虑这些的前提下,仅从及第人数判断赴日留学生的质量有问题不甚合理。相反,在如此不利的条件下,还有不少人考中了举人,我们甚至可以说赴日留学生很优秀。因此,仅根据留学生录用考试的结果就简单地断定日本的留学教育、留学生、速成教育质量差是不科学的。

那么,为什么录用考试委员会设定了对赴日留学生不利的条

---

① 『拓殖局報第十八　北清二於ケル諸外国ノ教育上ノ効果ニ關スル調査』,拓殖局1911年版,第8—9頁。

件呢？1907年《清国时报》上的《全灭在日留学生之建议》一文报道："民政部某官员上书朝廷:欲杜绝革命之风潮,须歼除日本留学生全部,根本上消除隐患。"①众所周知,清政府十分警惕革命分子与赴日留学生的关系。前文提到的驻日公使蔡钧为了中断日本留学,向清政府上书一事便是其中的典型代表。因此,清政府内部存在反对留学日本的派系也就不足为奇了。

一些清政府官员对赴日留学生的潜在威胁表现出戒心,同时日本人也敏锐地做出了相应的反应。其中一位就是早稻田大学的青柳笃恒。青柳笃恒认为造成留学生不稳定的元凶就是速成教育。1905年3月,早稻田大学中国留学生部设立前夕,青柳笃恒与高田早苗来到中国,与清政府官员会面。清政府担心学习"新学"的留学生在回国后,行为会变得过激,对此青柳笃恒认为这是速成教育造成的"一知半解"的弊害②。关于这一点李晓东认为对高田早苗和青柳笃恒来说,以营利为目的的私立学校与速成教育绝非培养"同情"日本、"理解"日本的学生的地方,应该被取缔。"一知半解"会造行为过激,这个观点有一定的道理,但同时也存在其他的原因。

高田早苗和青柳笃恒是彻底的反速成教育派。然而,虽然早稻田大学中国留学生部有2年的本科课程,但普通科仅为1年且无考试,特别预科为半年,此外还设置了6个月就能毕业的教育专科

---

① 外務省政務局編纂:『清国時報』1907年第30号,第13頁。
② 李曉東:「近代中国における日本留学と日本の教育者たち―『速成教育』をめぐる論争を中心にして―」,大里浩秋、孫安石編:『中国人日本留学史研究の現段階』,御茶の水書房2002年版,第41頁。

第六章　清代赴日留学的落幕——宏文学院关闭

和1年的速成师范科①。实际上的留学生教育也以速成教育为主，在这一点上与高田早苗、青柳笃恒的观点产生了矛盾。早稻田大学中国留学生部成立于1905年9月。此时法政大学和宏文学院等以速成教育为主的大型教育机构和中小型机构占据了留学生市场，再想要进入十分困难。若要进入市场则需要新的卖点。于是，早稻田大学的青柳笃恒利用清政府的忧虑，指出速成教育的弊端，给清政府留下了早稻田大学的留学生教育和管理远超其他教育机构的印象，旨在让清政府和各省派遣留学生去早稻田大学。但讽刺的是，事实上早稻田大学也不得不实施速成教育。

由于高田早苗和青柳笃恒等人的影响、留学生发起的反对《留学生取缔规则》运动等，清政府中也开始有人批判速成教育，并提出需要重新审视日本留学。例如《北清日报》一边评价说留学日本对中国人来说十分便利，一边又提到留日学生在留学生录用考试中的成绩不理想："留日学生的成绩之所以不好是因为他们以速成教育为主，学习有所懈怠……失败的原因在于被流行事物冲昏头脑，只关心速成。"②与日本媒体一样，报道根本不提及录用考试不公平的地方，只围绕日本留学给世人的印象进行论述。这种见解在当时的中国和日本非常普遍。

驻日公使杨枢说："留学生来到日本都是为了获得功名利禄。但他们在日期间行苟且之事，学到的知识也是一知半解，也没有为

---

① 黄尊三著，実藤恵秀、佐藤三郎訳：『清国人日本留学日記：1905—1912年』，東方書店1986年版，第111頁。
② 「清国留学生成績に就いて」，『日本教育』1906年11月16日，第2頁。

引进文明添砖加瓦。这使臣每天忧虑万分,不吐不快。"①中日两国反速成派对留学生的看法在"利禄功名"与"一知半解"上达成一致。正因为职务上的关系,杨枢与留学生和留学生教育机构相关人员有直接接触,所以此见解有一定的影响。对于留学生所接受的教育,杨枢认为:"日本学生自小学开始便要参加考试,至大学须花费14年的时间,修学如此之难,而中国留学生来日本仅1年多时间,且在中国也并未进行留学预备教育,有一些学生甚至并不通晓国文,今后应该慎重选派出洋学生。"②此外,作为政治考察大臣视察过国外的端方和载鸿慈等人也赞成终止速成教育并严格审查留学资格③。

中日两国都发出了这样的声音,清政府自然不会坐视不理。首先实行的是1906年2月颁布的《通行各省选送游学限制办法》,主要设置了以下限制:

> 一、欲入高等、专科学校者必中学毕业以上者,留学国语言必习熟。
>
> 二、欲入速成科者仅限法政科与师范科,必须国学与中文俱优,年25岁以上,仅限于学界、政界有实务经

---

① 「楊公使ノ在日清国留学生情況密奏」,『東亜同文會報告』第78回,1906年5月26日,第30頁。
② 「楊公使ノ在日清国留学生情況密奏」,『東亜同文會報告』第78回,1906年5月26日,第30頁。
③ 阿部洋:「中国近代における海外留学の展開—日本留学とアメリカ留学—」,『国立教育研究所紀要』1978年第94号,第11頁。

第六章 清代赴日留学的落幕——宏文学院关闭

验者。[1]

在此之前,赴日本留学没有资格限制,即便只有小学程度也能够去留学,甚至还有70岁左右的高龄留学生,可以说只要想去日本留学就能去。这种无条件限制是产生日本留学潮的主要原因之一,清政府终于意识到对希望在高等、专科学校学习的人不设置门槛会产生很多问题。但令人不可思议的是,该限制办法竟然对语言掌握程度都未做规定。速成科教育只允许申请"法政科"和"师范科",这种安排反映了中国国情;须有实务经验的设定,体现了清政府希望对其进行再教育的意图。

《通行各省选送游学限制办法》实施仅半年后,同年8月清政府命令各省立刻终止速成留学生的派遣。次年3月左右,清政府下令留日学生监督处设立"清国留日学生教育协议会"。该组织设立于驻日公使馆内,目的为落实教育完备和学生管理[2]。教育协议会指定的留学学校有19所,分别为宏文学院、经纬学堂、成城学校、东斌学堂、大成学堂、同文书院、东京实科学校、东亚公学、大阪高等预备学校、警监学校、东京警察学堂、东京铁道学堂、东亚铁道学堂、实践女学校、法政大学、明治大学、早稻田大学、中央大学、东洋大学。此外,清政府将普通科及师范科的毕业年限设置为3年以上,并向日方提出了以下要求:

---

[1] 阿部洋:『中国の近代教育と明治日本』,福村出版1990年版,第125页。
[2] 「清国学生指定学校」,『東亜同文會報告』第87回,1907年2月26日,第37页。

普通教育速成科及名义虽非速成实际却是速成者,暂停招生。但已经开设者,应仍如平常教学,不能半途而废,以毕业之期为限。[①]

这意味着留学生速成教育必须落下帷幕。这对留日学生、留学生教育相关人员和打算去日本留学的人来说都是一个很大的打击。

1907年,中国人特设班级的毕业生被剥夺了参加留学生录用考试的资格,即使是专科学校及以上的毕业生也不例外。不仅是留学生教育机构,中国国内的由外国人创办的教育机构也是如此。1908年,清政府规定,私立大学的法律、政治相关专业的毕业生除提交中学毕业证书的学生外,录用考试前需通过普通学科及留学国的语言测试。私立大学的法律、政治相关专业的毕业生多数学成于日本。此外,留日学生的人数也远远超过其他国家留学生。清政府旨在通过重新制定日本留学规范来确立新的留学体制。

实施这些措施的清政府的目的究竟是什么呢?当然,解决前文所提到的中日两国提出的速成教育造成留学生对知识"一知半解"的问题,对留学生危险行为进行监督、强化管理,整顿新的留学体制,这些都是其目的所在。但不能忽视的一点是其与中国的教育状况之间的关系。与以往不同的是,此次留学生的管辖权委托给了中央的总监督。在此之前中央政府虽然在东京设立游学监督

---

① 細野浩二:「清末留日極盛期の形成とその論理構造—西太后の指導理念と『支那保全』論的対応をめぐって—」,『国立教育研究所紀要』1978年第94号,第53頁。

第六章 清代赴日留学的落幕——宏文学院关闭

处,但是由于各省也有派遣监督管理学生的管辖权,因此游学监督处称不上严格意义上的统管机构。于是1906年,清政府通过撤销地方的留学生监督,强化留学生的监督和管理,将权力集中于学部。学部主导意味着将中国学校教育与留学教育紧密联系起来,并对其进行规范。1908年青柳笃恒在北京与学部的高官张之洞等进行会谈的时候,清政府提出了以下要求:

> 因为中国也渐渐办起了师范学堂、中学堂、小学堂,今后没有必要再设立特别的机构进行教育。希望能实施与日本学生相同的教育。[1]

上述言论表明普通教育要由中国自己来实施。从前文提到的限制中国国内由外国人成立经营的教育机构的报名资格等一连串行动可以看出,中国旨在通过结束实施普通教育的日本留学来回收教育权。十几年后的20世纪20年代,中国发起了收回教育权运动,此次便是运动的前奏。但是正如第二章所论述的,中国近代教育没有实质性的东西,教职员素质低下,教材、教具与教科内容不完备,各方面都存在很大的问题,因此立马靠自己实施普通教育是非常困难的。

以往研究常把上述清政府的一系列措施定位为"留学生的量到质的转变"。从限制留学生派遣资格这一点来看,这种看法有一

---

[1] 細野浩二:「清末留日極盛期の形成とその論理構造—西太后の指導理念と『支那保全』論的対応をめぐって—」,『国立教育研究所紀要』1978年第94号,第54頁。

定的道理。但是考虑到当时中国的教育状况，普通教育为近代教育的基础，想要派遣修习完普通教育的学生，即所谓"高质量的学生"仍十分困难。清政府应该很清楚这一点。从以上可以看出，清政府改变留学政策，与其说是"从量到质的转变"，不如说是"中国普通教育自立的开端"，"留学政策制定、留学生监督和管理的中央集权的强化"。

因此，中国赴日留学人数在1906年到达顶峰后骤减，此后实施速成教育及普通教育的教育机构也渐渐失去了踪影。

第四节　嘉纳治五郎最后的赌注

受到中日两国社会批判的日本留学生教育机构，与留学生的关系也不好。从某种意义上来说，留学生教育机构与留学生一样，都处于被孤立的状态。因此，留学生教育机构迫切需要采取对策来改变困境。然而，反对普通教育和速成教育的声音十分强烈。例如，1906年的《教育界》中某位清政府提学使写道："有人说，没有中学水平的基础教育，就像是没有能力消化外国文化一样。如果我们接受这个比喻，那么我们可以合理推断：对于那些缺乏消化能力的人来说，外国提供的'知识食粮'是不足的。"[1]这暗示了限制留学生资格的必要性。对于这一点日本社会认为："日本不是一个没有牛奶的国家，幸运的是，日本的教育领域已经有了一些发展，即使是没有受过中学教育的中国人，也可以得到他们能够很好消

---

[1] 「清国留学生資格制限問題」，『教育界』第1号，金港堂書籍1906年版，第2頁。

第六章　清代赴日留学的落幕——宏文学院关闭

化的文明知识。建议准许派遣未修读普通教育的学生来日。"[①]事实上,中国国内的普通教育并不成熟,清政府还是想继续保留日本留学生教育的"卖点"之一——普通教育。清国留日学生教育协议会也主张维持普通教育。

关于速成教育,清国留日学生教育协议会则决定逐渐停止招生。事情至此也是几经周折。对于留学生教育相关人员来说,速成教育与普通教育皆为日本留学的特点,也收获了一定的成效。尤其是法政大学中国留学生法政速成科(简称"法政速成科")的梅谦次郎在面对他人对速成教育的批判时进行了正面回应。法政速成科创立于1904年5月,由中国留学生请求法政大学总理梅谦次郎并得到清政府同意后设立。法政速成科与宏文学院同为大规模的中国留学生教育机构。当时将法政大学从经营困难中拯救出来的便是大量入学的中国留学生。

梅谦次郎认为速成教育是"迫为一时所需,本为不完全之物"。梅谦次郎意识到速成教育的缺点,并非持完全赞同的态度[②]。这与嘉纳治五郎的想法相同,恐怕大多数教育机构的相关人员也无法否认这一观点。尽管如此,梅谦次郎认为实施速成教育始终是因为清政府的委托:"今中国欲与其他文明国家相衡争,必行立法、行政之变革,遂讲究与之相关之学问,实乃今日之急务也。"[③]故是在

[①] 「清国留学生資格制限問題」,『教育界』第1号,金港堂書籍1906年版,第2頁。
[②] 法政大学史資料委員会編:『法政大学史資料集』第11集,法政大学1988年版,第4頁。
[③] 法政大学史資料委員会編:『法政大学史資料集』第11集,法政大学1988年版,第4頁。

考虑到清政府的实际情况后才实施的。虽然教育时长很短,但是上课配有翻译,暑假也在上课,因此也算取得了不错的成绩。梅谦次郎在回忆当时的情景时说:

> 学年结束时按照规定举行了考试,我预期这次考试成绩不会很好,做好了也许半数或是三分之一的学生将不合格的心理准备。但意外的是考试的结果异常得好,接受全科测试的共有73人,73人中不合格的只有6人。本校的考试一直被认为有难度,就算是日本学生来测试也很少出现过这样低的不合格率,动辄20%少则15%的不合格率是本校的一贯情况,而存在如上所述的如此之多问题的留学生们竟然取得这样的成绩实属意外,我甚感欣慰。①

这说明速成教育取得了比预想中更好的效果,因此梅谦次郎不能对速成教育的批判坐视不管。梅谦次郎在《政法速成科之沉冤昭雪》一文中强调了速成教育取得了的的确确的教育成果,并将其与明治初年日本司法省设置的法学教育速成科进行比较:"若无往日之速成科,或无今日法典之施行……往年司法局及民间有识之士建立速成科培养人才之功实为不可没。"他还指出司法省教员为外国人、上课携带翻译这些都与留学生教育有相似之处。他极

---

① 法政大学史資料委員会編:『法政大学史資料集』第11集,法政大学1988年版,第30页。

第六章　清代赴日留学的落幕——宏文学院关闭

力主张道:"法政大学留学生教育速成科讲师多为各领域专家学者,有丰富的教学经验。此做法比当时司法局速成科更优,故敢断言也。"①

虽说如此,中日两国的大部分人对速成教育存在偏见。虽然梅谦次郎极力想改变人们的想法,但让速成教育得到两国人民的认可和理解还是非常困难的。由于处于这样一个艰难时期,作为留学生教育大家的嘉纳治五郎自然无法袖手旁观。嘉纳治五郎比梅谦次郎有更强的危机感。1906年,嘉纳治五郎在清国留日学生教育协议会设立之前便成立了由教务主任大岛英助、松本龟次郎、口译主任金太仁作、波多野贞之助、棚桥源太郎等组成的"宏文学院改组委员会"。改组委员会成立的目的是使学校能够生存下来。除此之外宏文学院还赶在其他留学生教育机构之前升级成教育机构示范学校,作为留学生教育机构的代表向中日两国展示日本留学的新姿态。嘉纳治五郎想要通过这次改建抹去人们对留学生与留学生教育机构的不良印象。

改组委员会讨论的最重要的议题便是速成教育的归宿。根据讲道馆馆藏记录,大部分委员主张废止速成教育,延长普通科与师范科的修读年限,改善教育课程。嘉纳治五郎虽然对大部分意见表示赞同,但是对废止速成教育表示反对。在嘉纳治五郎寄给驻日公使杨枢的书信中,我们可以看出这一点:

---

① 梅謙次郎:「法政速成科の冤ヲ雪グ」,『法学志林』,1905年10月20日,第44—45頁。

249

> 至速成科，于日本实施之，利便显著。速成科之性质，乃短日月之间，习得高尚学术一般，是为特殊之教育方法，于日本国内，不乏几多年从事此种教育，已积经验之老练教师。另，学校、工厂、会社等应用日新文明学理之百般器械、建筑物悉数完备。游学期间，目击研究之，可确实习得之知识。与于本国，单以讲义和标本学习相比，其优劣了然目也。①

嘉纳治五郎想告诉杨枢，比起中国国内，留学日本，学生不仅能从课堂里学到东西，而且还能从课堂外学到东西，并且日本有许多经验丰富的优秀教师。嘉纳治五郎极力强调速成教育是有效果的。嘉纳治五郎与梅谦次郎都感受到了速成教育的效果并对其有信心。至于速成教育与留学生不良行为的相关性，嘉纳治五郎建议让驻日公使与日本的教育界共同研究监督的方法。他论述道：

> 日本学堂从不教极端政治学说、其他异端邪说，此极明白也，无须争辩。游学时，有对泰西新说一知半解、倡异端新见者，是极少数也。贵国游学者多，难保不出不良学生，不应以此怀疑日本教育家对其之收容与教育。游学之多数即善良者，多数之善良者压制少数之不良者，使其毒害不得逞。②

---

① 该资料原件中有修改痕迹，可判断其为草稿。日期不详。
② 講道館藏：「宏文学院関係史料」。

第六章 清代赴日留学的落幕——宏文学院关闭

他认为,大多数留学生没有不良行为,日本教育也没有引导学生做出不良行为。前面已经多次提到过,的确大多数留学生是为了出人头地而留学,所想的也是如何在短时间内修读完课程回国,因此没有精力去做这些。嘉纳治五郎的见解是正确的,当时将速成教育与学生的不良行为相联系确实有些牵强,让人摸不着头脑。

日本教育界对速成教育的议论持续了数月。嘉纳治五郎在改组委员会会议上据理力争,辩论十分激烈,一时间没能得出结论。但是改组委员会驳回了嘉纳治五郎主张继续实施速成教育的意见。1906年,宏文学院全面废止速成科,并将普通科与师范科的修读年限定为3年。这些内容与1907年成立的清国留日学生教育协议会的决定事项相同。

改组委员会还探讨了高等师范预科、高等预科与高等补修科的设置问题,计划高等师范预科招收拟进入东京高等师范学校的留学生,高等预科招收拟进入官、公立大专的留学生,高等补修科招收拟进入私立专科学校的留学生。若将招生对象限制在仍在修读速成教育的学生与中国中等学堂毕业生,则与限制派遣留学生政策不抵触。更何况东京高等师范学校的校长为嘉纳治五郎,这一卖点足够使宏文学院起死回生。不仅是宏文学院,许多留学生教育机构都有可能生存下去。当然,也有人担心学校会因此变成预备校。虽然有反对的声音,但计划仍很快地被实施下去。然而,计划又很快地被废除了。原因为五校特约制度的实施。五校特约是指1907年中国的学部与日本的文部省交涉,指定了5所直辖学校用以接收派遣的官费留学生,即第一高等学校、东京高等工业学校、东京高等师范学校、山口商业学校、千叶医学专科学校。根据二见刚史的说法,在文部省直辖学校里设置特设预科,意味着提高以日语为中心的预备教育质量,让留学生真正体验近代学术的结构,为今后留学生教育提供了有力的方向指引[①]。进入这些直辖学校学习,是通往高等学校也就是帝国学校的捷径。所以留学生在选择时,即使面对的是留学生教育先锋的嘉纳治五郎所在的宏文学院,也会偏向选择直辖学校的预科。

面对困境,改组委员会必须尽快想出解决方法。于是出现了将宏文学院升级为大学的方案:升级后的宏文学院以大学部和高等师范部为中心,拥有附属植物园、各种研究所和理化实验室。这是中国人赴日留学后遇见的史无前例的事情。偏重理科教育是了解中国教育实情的嘉纳治五郎才能想出的方案。作为佐证,郭沫若曾在自传中写道,自己就读于四川嘉定的高等小学,学校里没有可以担任数学、物理科目的老师[②]。此外,为了重建国家,人才教育成为当务之急,清政府此前一直大力发展师范与法政专业,10多年后才鼓励发展科学教育,但嘉纳治五郎在当时已经提前决定进行理科教育。因此,对理科教育落后的中国来说,嘉纳治五郎这样的安排是推广宏文学院的绝佳机会。

嘉纳治五郎对这个方案表现出了非常强烈的意愿。但是面对这样宏大的计划,也出现了"嘉纳治五郎氏如果要推行这一计划,

---

① 二見剛史:「戦前日本における中国人留学生予備教育の成立と展開」,『国立教育研究所紀要』1978年第94号,第63頁。
② 郭沫若著,小野忍、丸山昇訳:『郭沫若自伝』2,平凡社1968年版,第94頁。

就必须主动辞去高等师范学校校长一职"①这样的声音。人们清楚身为日本教育界权威的嘉纳治五郎不可能为了留学生教育放弃高等师范学校校长的职务,所以不看好其行为。

嘉纳治五郎为了实施这个方案,进行了各方面扎实的准备。嘉纳治五郎请求校外有识之士的帮助,向文部省专门学务局局长福原錬二郎递交了设立意向书,指出中国理科教育落后,应设置以理化为中心的大学部和高等师范部。1907年,改组委员会制定了在巢鸭分校中建设植物园、中国博物研究所、博物研究所、理化学实验室等方案,拟占地面积33000多平方米,用来陈列从中国各地收集而来的博物标本,以供教育、研究之用,并制定调查、采集计划,开办博物研究会。在计划实施之前,棚桥源太郎等人就早早购入了价值3000余日元的物理、化学实验器具②。

仅从以上就能看出宏文学院通过大幅度改革以构建新的日本留学体系之决心,可见其计划规模之远大。然而,嘉纳治五郎收到了文部省专门学务局局长福原錬二郎的回信,其回复十分简洁明快,以"因无前例很困难"为由否决了嘉纳治五郎的提议③。嘉纳治五郎远大的梦想就这样脆弱地夭折在襁褓中。只是"无前例"这一理由显得过于敷衍,站不住脚,笔者推测应该存在更为深层的原因。

实际上根据荫山雅博的说法,改组委员会废止速成教育是受

---

① 「嘉納氏の教育事業」,『日本教育』1906年9月16日,第2頁。
② 講道館藏:「宏文学院関係史料」。
③ 講道館藏:「宏文学院関係史料」。该信件的日期是1906年8月24日。

到了日本政府的影响[①]。荫山雅博虽然没有说明原因,但恐怕与当时的首相西园寺公望的想法有关。根据《万朝报》的报道,驻日公使馆员拜访西园寺时,西园寺表示:"本来清政府向日本派遣留学生就是错误的,日本文明不过是欧美文明之支流,若想研究其本流,应当直接向欧美派遣留学生。"听到这些话的公使馆员十分震惊[②]。

西园寺是不是真认为学习欧美文明应该去欧美而非日本,这一点我们无从可知。在上述访问1个月前,西园寺向青柳笃恒的友人表示:"因为中国留学生教育问题,日本与欧美诸国在外交上纷纭阻碍众多,余深感遗憾。余为与欧美外交圆满,望日本的对华留学生教育早日停止。"[③]西方列强为了获得更多的清政府派遣的留学生,尤其是美国,指责日本接收中国留学生。当时西园寺完全没有考虑日中之间的关系,仅仅考虑了与欧美诸国之间的关系,而说了上面一番话。日本留学的主流——速成教育如果被废止,许多留学生教育机构将被迫关闭,留学生数量剧减,而好处是与欧美之间的摩擦将得到缓和。这正是西园寺的目的所在。

负责管理学校制度的文部省也无法做到忽视西园寺的态度来满足嘉纳治五郎的要求。1896年,找嘉纳治五郎商量并委托接纳第一批留学生的正是西园寺。可以说为嘉纳治五郎的留学生教育

[①] 蔭山雅博:「宏文学院における中国人留学生教育の展開—清末期留日教育の一端(二)—」,斎藤秋男、土井正興、本多公榮編:『教育の中の民族—日本と中国—』,明石書店1988年版,第143頁。
[②] 「支那学生減少の一因」,『教育時論』1908年第827号,第36頁。
[③] 「現政府の対清政策を難んず」,『外交時報』1908年第3号,第37頁。

第六章　清代赴日留学的落幕——宏文学院关闭

打开大门的是西园寺。对于嘉纳治五郎来说，西园寺理应是推行留学生教育事业的志同道合之士。而正是这样的西园寺偏偏关上了嘉纳治五郎的留学生教育的大门。这样的结果也是极具讽刺意味。

嘉纳治五郎的宏大梦想——在占地33000多平方米的巢鸭分校建设植物园、中国博物研究所、博物研究所、理化学实验室等的方案也因筹不到资金而被迫中止了，而且作为问题关键的留学生也渐渐减少。原本招生人数就无法确定、生源不稳定，又因为出现中途回国的学生、他校挖墙脚等，宏文学院的财政陷入了危机。为此，嘉纳治五郎只得不断投入私人财产，但是这显然不是长久之计。最终嘉纳治五郎只能做出放弃的决断。

1909年7月28日，宏文学院举行毕业典礼，出席嘉宾有清政府官员胡惟德、文部大臣代理小泉等。对于嘉纳治五郎的致辞，出席仪式的松本龟次郎这样说道：

> 当时嘉纳院长在致辞中说道"本院最初受清政府委托，故成立，今日不再受委托，故学院关闭。学院应尽义务，兹告终矣"，参加的教职工和我们无一不百感交集。[①]

"今日不再受委托，故学院关闭"，这样轻描淡写的描述却充满了被中国和日本抛弃、孤军奋战的留学生教育机构的无尽的悲哀与遗憾。

---

① 松本龟次郎：『中華留学生教育小史』，東亜書房1931年版，第24頁。

全盛期曾拥有5个分校的宏文学院终于落下了历史的帷幕。宏文学院学员共计7192人，毕业、结业学生共计3810人。虽然举行了毕业典礼，但尚有少部分学生未毕业，学院对在籍学生的教育进行到了1909年10月，此时的毕业生仅94人[①]。

紧随其后的是经纬学堂、早稻田大学中国留学生部等，这些面向中国留学生的教育机构相继关闭。曾经如火如荼的留学热潮就这样迎来了终结。

本章我们从嘉纳治五郎与杨度的辩论中看到了教育机构与留学生之间的关系，分析报纸、杂志得出了日本社会对留学生与留学生教育机构态度的变化，厘清了宏文学院关闭背后的纠葛关系，最后描述了明治时期日本留学的终结。

虽然最初日本并非官民都接受留学生，但大体持欢迎的态度。不论是驻日公使蔡钧上书阻止日本留学密信一事，还是因密信引发运动一事，都是对留学生一方持同情的态度。这种友好的态度发生变化的原因是，随着留学生的急剧增加，一部分留学生的不良行为让日方心中留学生的美好形象崩塌。此外，1905年反对《留学生取缔规则》运动等学生运动接二连三地出现也是重要原因之一。于是，以报纸媒体为中心，日本社会对留学生指责不断。不仅日本社会，中国国内也出现了批判的声音，留学生渐渐成为脱离两国社会的孤立存在。

1906年，因为留日归国学生在留学生录用考试中的成绩不理想，日本社会中批判留学生教育机构的声音不断涌现，尤其是速成

---

① 講道館藏：「宏文学院関係史料」。

第六章 清代赴日留学的落幕——宏文学院关闭

教育被定罪为劣质品。然而,这种批判是在没有确认考核内情的基础上发出的。不久后,批判的声音传到了中国国内,最终造成速成教育派遣的中止。事实上,这也意味着赴日留学的结束。

原本留学生与留学生教育机构必须建立信赖关系,但两者存在无法跨越的鸿沟。这些鸿沟集中表现在嘉纳治五郎与杨度的辩论上。一方面,留学生对以嘉纳治五郎为代表的日本留学生教育有所嫌疑,认为其实行的是奴化教育,但仅凭中国的力量无法进行彻底的教育与改革,就连除去国民所有的压制与服从的"劣根性"也必须依靠日本。另一方面,尽管嘉纳治五郎的真实意图没有被完全理解,但他确实抱有以"保全中国""唇齿相依"为中心的大陆经营目的来接收留学生。不过,由于某些原因,他未能明确向留学生表达这一态度。因此,双方形成了一种既不能彻底割舍也相当尴尬的关系。

在这样的时代背景下,为了使留学日本的形象焕然一新,嘉纳治五郎下了最后的赌注——废除速成教育,设置预科,并将学院升级为大学。然而,史无前例的大学升级计划没能得到文部省的批准,改革的计划也受挫。束手无策的嘉纳治五郎只能关闭宏文学院,其他留学生教育机构也相继关闭,清代赴日留学迎来了落幕。

从欢迎留学生到批判留学生,留学生和留学生教育机构也被社会孤立,留学生与留学生教育机构的关系举步维艰。在这些因素相互影响下,最终迎来了留学潮的终结。

终　章

本书分析了清代赴日留学生的教育文化交流史。以中国留学生的教育机构宏文学院为中心，从留学政策、留学生的教育实际情况、留学生的校外生活，以及留学生与日本社会的关系，即从内、外方面分析了日本留学的形成、发展、落幕的过程，重新探讨了当时中国赴日留学生的总体情况并进行了总结，尤其是重点补充并明确了"留学生教育的实际情况"与"留学生与日本文化、社会之间的关系"。下面分别对各章进行重述与总结。

第一章以1896年首批留学生赴日留学的经过与留学生的教育效果为中心进行了论述。正式的留学生派遣是在甲午战争之后。但早在《中日修好条规》签订后驻日公使馆内就开设了东文学堂。东文学堂一直以来没有被视为真正的留学教育机构，也没有得到广泛的认可。当时，中国对日本存在许多先入为主的观念和误解，真正接触并学习日语，了解日本文化、概况的人很少。因此，招募中国学生进入东文学堂学习，让日本教师培养出通晓日本文化、概况的人才非常有意义。1896年首批留学生与东文学堂的学生一样，皆由驻日公使馆招募。因此可以说，东文学堂处于日本留学的试验阶段，是日本留学的"引子"。

1896年嘉纳治五郎接收了首批留学生，实施留学生教育。在这个时期，中国和日本都还没有制定诸如"重建国家""保全中国"等具体的留学生政策。此时留学生的留学目的与成立东文学堂的目的相同,都是培养外交谈判方面的人才。然而,首批留学生中有4名留学生赴日后非但没能适应日本,还遭受了来自日本社会的歧视,导致他们中途退学。不久之后清政府补派了1名留学生。

虽然这些文化摩擦对之后的留学生来说同样存在,但是嘉纳治五郎实行的留学生教育还是受到了清政府的好评。嘉纳治五郎感受到了留学生教育的成功,留学生们也十分满意所接受的教育并开始强烈意识到重建国家的重要性。这成为后来日本留学热潮形成的主要原因之一。

目前有关该时期的研究尚不充分,本书不仅明确了首批留学生派遣的经过、人数、姓名,还考察了留学生毕业后的发展、思想变化等,这些都具有重要意义。

第二章从政策方面论述了清政府正式实施日本留学政策的经过与日本方面的想法,从与中国教育实际情况之间的关系角度,分析考察了宏文学院的成立过程、教育理念等。

一方面,众所周知,张之洞的《劝学篇》吹响了中国人留学日本的号角。但张之洞并非无端鼓励留学日本。张之洞派人调查了日本的教育之后,意识到双方都有同为"儒学"的伦理道德,这成为他推崇留学日本的主要原因。这一点与嘉纳治五郎的留学教育理念一致。然而,日本人心中的留学生形象,随着各种留学生运动的发起而崩塌。对为了实现近代化而想要废除科举制的人来说,儒学为旧时代的产物,只会阻碍社会发展。对大部分接受科举制度下教育的留学生来说,儒学只是出人头地的工具,他们并没有做到儒学所提倡的克服自我私欲。嘉纳治五郎和清政府都误解了这一点。

终　章

此外,"同文、路近、费省、时短"等也成为吸引中国人到日本留学的优点。特别是"同文同种"让留学生对日语产生了很大的误解。因为日语能力的问题,留学生没能充分融入日本社会并理解日本文化。

另一方面,日本为了对抗西方列强在华势力,提出了"保全中国"的口号,由于安全保障方面的考虑与进军中国的野心,矢野文雄与陆军参谋本部等一部分文武之士积极推动清政府派遣留学生。然而,事实上日本并非官民一致地积极接收留学生。就连当事人嘉纳治五郎在最开始也没有明确留学生教育的意义,更何况是那些非当事人。对他们来说,很难找到接收留学生的意义。由此可见派遣方与接收方在想法上存在一定的差距。

中国各省逐渐认识到留学的重要性,来自各省的留学生教育委托蜂拥而至。于是,嘉纳治五郎在1899年成立亦乐书院并决定正式开始从事留学生教育。2年后,亦乐书院扩张并更名为宏文学院。宏文学院成为留学生教育机构的领头羊。嘉纳治五郎在视察中国与从事留学生教育的过程中逐渐构建起了教育理念,并认为接收留学生的意义在于"保全中国"与"辅车唇齿"。

嘉纳治五郎进行教育的重点内容为"日语"与"普通教育",这是因为留学生在阅读日文教科书和参与日本社会生活的过程中必须使用日语,而普通教育对于当时的中国教育来说是急需解决的问题。当时清政府刚刚开始实行近代教育。因为中国实行的是以科举制度为中心的教育体系,相当于没有进行过普通教育,再加上缺少师资力量,清政府靠自己进行普通教育是非常困难的。嘉纳治五郎对首批留学生不仅进行了日语教育还传授了普通教育,初次尝试基本上取得了成功并获得好评。这些成绩使清政府意识到普通教育的重要性,并开始着手发展普通教育。

与此同时,中国也认识到必须进行改革,向近代国家转变。首先要解决的便是人才培养问题,尤其是师范、法政、警察、军事的人才培养成为当务之急。一般情况下,宏文学院的教育主要以培养教师和警察为主。但是应清政府快速有效地培养人才的要求,几乎所有教育都变成了"速成教育"。宏文学院根据留学生的籍贯、学习年限和教学科目,开设了多种多样的速成班,还成立了速成理化科、理化专修科、夜间速成理化科、速成音乐科等。虽然嘉纳治五郎意识到速成教育的不完备,但也无法拒绝清政府的要求。许多留学生教育机构也开始效仿宏文学院实行速成教育。于是,普通教育和速成教育成为日本留学的招牌。

清政府在改革教育制度时效仿了日本的学制,甚至把近代教育的基础——普通教育也委托给了日本,这意味着日本的教育已经影响了当时的中国。

第三章从普通教育、速成师范科和教职员方面分析考察了宏文学院留学生教育的实际情况。由于资料稀少,关于这些方面的研究最为落后。尽管存在一定程度的教育差异,笔者还是根据讲道馆收藏的1896年留学生的答题纸等试图阐明以上问题。

普通教育相当于日本国内的中等教育。一般认为留学生在理数方面尤其是"理科"存在问题。但1896年首批留学生的"理科"的平均分是最高的,"算术"的平均分是最低的。原因在于留学生在日语能力和逻辑思维能力方面存在不足。在科举制度教育环境下,背诵是主要的学习方式,所以对留学生来说,需要逻辑思维的

终 章

科目非常难学。而"理科"平均分高,可能是因为教学方法好和内容简单易学。

这是宏文学院的普通教育取得的成果。在当时,升入高等教育机构的留学生非常少,但宏文学院毕业生的升学率非常高,宏文学院也引以为傲。当然,这些高等教育机构的出题内容只达到普通教育水平。因此,可以说宏文学院的普通教育取得了一定的成功。另外,当时很多留学生从学校毕业后便立刻回国,但宏文学院的普通教育让留学生有了学习更加专业的知识的意识。

宏文学院招聘的教职员皆为隶属于东京高等师范学校、东京帝国大学、东洋大学等名校的著名学者与研究人员。一方面得益于嘉纳治五郎广阔的人脉,另一方面也是为了提高留学生教育的水平。但教职员在职时间短、更替频繁,导致出现了部分能力不足的教员,留学生对此表示不满,甚至直接申请变更教员。留学生教育期限过短也加重了留学生不安的心理。

不过,教育内容非常充实,例如赫尔巴特教育学权威波多野贞之助所讲授的内容,通过回国的留学生在中国广为传播,对当时中国急需的师范教育人才的培养做出了贡献。留学生对这些教职员的教育给出了很高的评价,他们回国后也确实为中国近代化贡献了自己的力量。

第四章从近代日语、教材、教学方法、留学生的学习观、教育效果等角度分析并考察了留学生教育的基础——日语教育。

以日本教师为主向外国人教授日语,在当时属于首次尝试。因为日本没有普遍认同的标准语和系统的语法,所以选择哪种日语、怎样教成为很重要的问题。留学生的日语教育对日语语法产生了重要影响，奠定了日语教科书的基础。此外，宏文学院的日语师资团队发展了现代日语的被动形式和可能形式，建立了标准语体系，并在教授给日本人之前就将其教授给了留学生。日本人很少思考日语，对日语的概念十分模糊，在听到留学生提出的日语相关疑问后，他们才开始深入思考日语。在此背景下日语语法才得以成体系。

总的来说，语言学习方面存在的问题和母语有莫大的关系。不仅对1896年首批留学生，对所有留学生来说，日语学习方面的问题都是共通的。从首批留学生的考试作答中可以看出留学生在敬语、句子的主谓搭配、活用、长音和词汇记忆等方面都有问题。虽然留学生存在这些初级水平的问题，但总体上日语水平在中高级之间。首批留学生的留学期限为3年，最初的2年以日语教育为重点进行小班化教学。但之后宏文学院将留学时间定为半年到1年半，每班有50多人，因此虽说宏文学院对留学生关怀备至，但不得不说日语教育的效果并不显著。此外，留学生的日语学习观也存在问题，他们希望将日语教育也变成速成教育。因为是短期留学，回国后日语口语将不再派上用场，所以他们只注重日语阅读能力。但宏文学院的日语教学注重口语能力，并力求平衡听、说、读、写4种技能。可见学生的学习观和学院的教育观产生了分歧。留学生有中日文同文同种的想法，认为汉文训读法已足够派上用场，因此轻视了日语的学习。留学生蹩脚的日语最终成为其与日本社会产生隔阂的原因之一。

第五章从衣、食、住3个方面分析了留学生校外生活的实际情况，论述了留学生与日本社会之间的关系。

终　章

　　因为变法自强的想法和对新潮流的兴趣,留学生对服饰特别讲究。然而出现了不分"时间、地点、场合",身着混合"和、洋、中"要素的奇异装束之人。日本社会并不理解留学生对服饰的讲究,反而认为他们的服饰非常古怪。留学生却认为和服与古代汉族服饰有相通之处。

　　窄小的居住空间、生活噪声的问题、饮食习惯的不同、日语能力的问题、对日本社会和文化的误解与蔑视等,诸多问题导致留学生与日本社会之间产生了摩擦。留学生们按照自己的习惯生活,自然地也就产生了排斥日本社会的留学生小团体,留学生在日本社会处于孤立状态。除了以上原因外,还有速成教育的影响。留学生认为留学时间只有半年到1年多一点,自己马上就能修完学业回国,所以不用勉强自己融入日本社会。这也意味着留学生在拒绝理解日本社会和文化。

　　面对留学生界这样的风气,周作人等留学生进行了批判。他们之所以能进行批判是因为擅长跨文化交际,但这种声音还是占少数。回国的留学生中有人编写了《留学生自治要训》,有人出版了论述留学生活注意事项的图书。

　　在封闭的小团体中遵照本国习俗的行为造成了留学生与日本社会的隔阂,媒体对留学生的这些行为大肆渲染。每一次报道,都让日本社会对留学生产生了更多的负面情感,而留学生也渐渐封闭了内心,留学生与日本社会的关系就这样陷入了恶性循环。

　　第六章对给留学生带来影响的嘉纳治五郎与杨度的辩论进行了考察,对辩论后的教育机构与留学生之间的关系和报纸杂志等媒体的反应进行了分析,明确了日本社会对留学生及留学生教育机构印象的变化、宏文学院停办的背景等,论述了清代赴日留学热潮的落幕。

从嘉纳治五郎和杨度的辩论可以看出,留学生与留学生教育机构之间存在根本无法跨越的鸿沟。因为嘉纳治五郎的"服从"这一发言使得留学生开始怀疑留学生教育是否为奴化教育。嘉纳治五郎认为对中国来说渐进式改革最为重要,而杨度则认为就算引发革命也要快速改变国家,两人想法的差异带来了上述问题。但从后来嘉纳治五郎对留学生教育的态度中可以看出,奴化教育并非他的本意,然而他的发言已经让杨度等人产生了怀疑。留学生与留学生教育机构之间缺乏充分的信任,两者的关系并不和谐。

最开始日本社会十分欢迎接收留学生。但之后由于留学生的急剧增加,有的留学生的形象与日本社会一直以来所想象的大相径庭,再加上留学生发起了多次运动,留学生的美好形象开始瓦解。特别是反对《留学生取缔规则》运动发生后,日本社会对留学生越来越苛刻。报道日本社会与留学生之间摩擦的媒体也起到了推波助澜的作用。随后,矛头开始指向留学生教育机构,引起批判的由头是留日学生在留学生录用考试中的成绩不理想。中日对速成教育的批判越发严重,最终清政府采取了限制派遣留学生等措施。留学生教育机构因为留学生的减少,经营变得越来越困难。这里需要注意的是,这些批评的声音并没有考虑到留学生录用考试的不公平、中国教育的实际状况、清政府的要求、速成教育的实际情况等。这些批评背后有清政府欲封禁留学生参加革命等的意图,也有日本的其他教育机构想从留学生教育中分一杯羹的企图,还有清政府试图自主开展教育等原因。

终　章

　　在这些不利状况下,嘉纳治五郎先于其他教育机构对宏文学院进行了改革。作为留学生教育机构第一人的嘉纳治五郎重新向日本和中国展示了日本留学的面貌,其目的在于改变人们对日本留学的印象。嘉纳治五郎计划废除速成教育,设置为大学等高等教育机构培养新生的预科。另外,针对中国薄弱的理科教育,嘉纳治五郎计划将宏文学院升级为大学。但由于"五校特约"的影响和史无前例的大学升级计划,嘉纳治五郎的申请没有通过,被迫流产。束手无策的嘉纳治五郎最终决定关闭宏文学院,其他教育机构也相继关闭,赴日留学的热潮落幕。

　　持续仅10余年的清末赴日留学热潮骤然结束。从中我们可以看出中国赴日留学生拥有他国留学生所不具备的特征。

　　第一个特征是"赴日留学生的产生"。留学日本的主导者驻日公使馆,其最开始的目的只是培养外交谈判的人才。与赴欧美留学生不同,清政府并没有对赴日留学生抱有很大的期待。虽说清政府在甲午战争中战败,但事实上参与战争的是李鸿章的北洋舰队,那时的清政府还抱有大国意识。因此,当时清政府并无派遣发展中国家的学生到发达国家留学的意识,也没有为了促进中国近代化去学习日本的想法。学生去留学主要是为了学习日语,他们没有想过自己是为了对中国的近代化做出贡献而去日本留学的。

　　清政府虽然没有对留学生抱有很大的期待,但留学效果出乎意料地好。接收留学生的嘉纳治五郎不仅实行了日语教育,还自主实行了普通教育。普通教育的实行使得留学生意识到中国必须近代化,找到了去日本留学的意义。嘉纳治五郎的教育内容后来成为明治时期日本留学生教育的主流,由此可见嘉纳治五郎十分具有先见之明,这一点值得肯定。这些影响后来传到了中国,并推动了赴日留学的正式开启。

第二个特征是"速成教育和普通教育"。嘉纳治五郎实行普通教育一事成为中国进行教育改革的推动力之一。首批留学生教育的成功和嘉纳治五郎向清政府高官强调普通教育的重要性的行为使清政府理解了实行普通教育的必要性。当时的中国无法自行实行普通教育,因此派遣留学生去日本留学带有很强的委托教育的色彩。中国通过留学生建立了近代学校教育的基础,并让日本掌握了一部分的教育主导权。

虽说日本擅长吸收异国文明,但仍对接受异国留学生并对其进行教育感到困惑。当时清政府的当务之急是在短时间内培养人才,为了满足清政府的要求只能实施速成教育。明治初年,日本司法省的法学教育也设置了速成科,因为有这样的先例,所以速成教育并非完全没有可能。

此时,清政府对留学日本抱有过高的期待,将其目标设置为"三年而宏规成,五年而条理备,八年而成效举,十年而霸图定矣"①。因为日本在短时间内实现了近代化,所以清政府误以为中国也能在短时间内实现近代化。清政府把留学日本看成能快速实现近代化、具有立竿见影效果的"特效药"。清政府派遣学生去美国,计划的留学时间是15年;而对于留学日本,清政府则希望为短期留学。

---

① 西顺藏编:『原典中国近代思想史』第2册,岩波书店1977年版,第193页。

终　章

　　仅凭速成教育是否真能培养推动近代化的人才？日本方面并没有信心，嘉纳治五郎也认识到了速成教育的不完备。正因如此，嘉纳治五郎招聘了许多当时优秀的教员，这甚至令日本学生羡慕不已。可以说，宏文学院留学生教育的师资团队是日本教育界的全明星阵容。

　　然而，当时还存在一个不稳定的根本因素，普通教育是近代教育的基础，但在当时的中国几乎等于没有，因为中国实行的是以科举制度为中心的教育体系，即使建立了新式学堂，也因为教师的水平问题，实行的并不是近代教育。赴日留学生正是这些没接受过普通教育的学生，并且留学生的数量非常多。很多赴欧美留学的日本人接受的是专业教育，义和团运动后清政府派遣的少量赴欧美留学生主要接受的也是专业教育。因此，日本留学非常特殊。

　　对日本留学教育的担忧在一定程度上得到了应验。对留学生来说，以往学习以背诵为主，因而需要逻辑思考能力的数理科非常难。从当时的记录中可以看出，教师和留学生都为此非常苦恼。此外，留学生的日语能力也存在问题。从首批留学生的答题纸中可以明显看出有些留学生根本没有理解题目的意思。课堂教学也因为留学生的日语能力不足而效果不好。但首批留学生的留学期限为3年，他们有足够的时间去适应，因此留学生教育基本上算是取得了成功。而留学期限为6个月到1年、接受速成教育的留学生，他们处境更加艰难。

　　日语能力的确是个大问题，但即使如此也必须实行速成教育。师范科、警务科、法政等专业教育速成科在上课时为留学生配了翻译。正因为中国和日本同处于汉字文化圈,所以才出现了这种独特的教育方法。教师也积极用汉文体上课。对计划留学的中国学生来说,带翻译或是使用汉文体上课的留学生教育非常吸引人,不仅不用精通留学国的语言,留学时间也很短。此外,宏文学院聚集了日本教育界的精英,能够为留学生提供高水平的教育。

不得不承认这种状况下的速成教育也有一定的效果。当时具有最大规模和影响力的宏文学院的教师与法政大学的创立者梅谦次郎都在教育一线感受到了留学生教育的成功。

在梅谦次郎门下接受教育的留学生取得了让他刮目相看的优秀成绩,他曾感慨道即便与日本人相比也毫不逊色。毕业于法政大学法政速成科的中国留学生回国后大显身手,不少毕业生成为法政学校的教师或出版宣传立宪、自治的读物。在赫尔巴特教育学第一人——波多野贞之助门下接受过教育的留学生也将自己所学的知识传播回了中国。黄福庆曾指出,许多留学生在回国后进军教育界,不仅有成为高等教育机关教员的,还有许多成为农村新式学堂教员的[①]。尤其是1907年以后根据学部的要求,所有官费留学生回国后必须充当专门教员5年。归国留学生接连在各地的新式学堂担任教师,这些留学生也给教育界带来了新气象。

大部分已有研究在论述中国人赴日留学意义的时候,以回国后在历史舞台上活跃的留学生的人数,或与留学欧美相比获得高等教育机构学位的数量等为评价标准。这些的确可以作为参考,

---

[①] 黄福庆:《清末留日学生》,中国台北"中央研究院近代史研究所"1975年版,第214页。

终 章

但是也不能仅凭这些得出相应的结论。从留学生人数上看,这些成为历史名人的留学生仅为少数,并非只有这些人为中国的近代化做出了贡献。另外,美国利用庚子赔款招收中国留学生,这些留学生被派遣至美国之前,在北京接受了普通教育和语言教育,这与日本留学的情况有所不同,因此很难简单地将两者进行对比并得出相应结论。虽说赴日留学生人数骤减后赴美留学成为主流,但辛亥革命以后的赴日留学生的人数仍多于赴美留学生。1926年后,高等教育机构重新评估了类似于宏文学院的预备教育机构的重要性[①]。接受速成教育和普通教育的普通留学生在各地成为近代化的先驱,一步一步打下了近代化的基础。这些留学生虽然在历史上并没有留下名讳,但值得受到积极的评价。

第三个特征是"日本人对日语的觉醒"。大多数情况下是接收国通过留学生影响派遣国。像清政府派遣的留学生也是经过留学后为中国的教育、法政、军事、经济等近代化做出了贡献,可见其影响范围之广。但是留学生的存在也影响了作为接收国的日本,并且影响到了接收国的语言。

留学生刚来日本的时候,日语教育体系根本没有确立,通用语仍未统一。因此,日本人必须认真总结日语的结构和语法,思考教授何种日语,怎样教授日语。实际上,留学生比日本人更早地接受了近代日语的教育。

日语语法大家三矢重松和松下大三郎曾在宏文学院从事过日

---

① 外務省外交史料館蔵:『在本邦留学生予備教育関係雑件 特設予科関係主任會議』第4卷。

语教育。他们通过留学生的提问来研究日语语法，探究日本人在日常使用语言时不自觉运用的规则，这种研究具有很强的实践性。

宏文学院编写的《日本语教科书》旨在培养听、说、读、写4项技能。这本系统的日语教科书即使放到现在也毫不逊色。让人惊讶的是当时已经运用了最小对立体的教学方法。最小对立体现在也广泛运用于日语发音教学中。"二战"后的日语教育受到了欧美语言教育的很大影响。最小对立体也是从欧美引入的。但值得注意的是，这一概念早在明治时期的宏文学院就已经在教学中运用了。可以说其奠定了现在的日语教育的基础。

总而言之，日本人通过中国留学生对自己的语言——日语有了更深的理解。

第四个特征是"自认为相互理解却相互误解的文化交流"。留学生在衣、食、住、语言方面出现了比想象中更多的困难。衣饰方面，由于变法自强，再加上重视服装的潮流感和功能性，留学生对服装很讲究。留学生自认为理解了新服装并自认为穿得很时尚，但日本社会认为这些服饰是奇装异服。饮食方面却是相反，日本人认为自己已经为留学生提供了"可以吃"的餐食，但不料对留学生来说，日本的饮食违背礼仪，非常粗野，从而与日本社会产生了摩擦。语言方面，因为大部分人的中日同文同种的想法，所以留学生自认为能够理解日语，但这一想法使留学生出现了偏颇的学习观，直接影响了他们的日语水平。对留学生来说，日方提供的自认为必要的教育内容实际上并不能满足他们的需求，不具备吸引力。

在基本的教育观方面也是如此。清政府在实行近代教育的过

终　章

程中,并没有摒弃传统的儒家思想。日本教育重视品德教育,品德教育留有十分强烈的儒学色彩,清政府对此深受震撼。日本的留学生教育机构也误以为留学生具有相同的儒学观。然而,从嘉纳治五郎和杨度的辩论中可以看出,留学生认为儒学只会阻碍近代化的发展。在嘉纳治五郎和杨度的辩论中,嘉纳治五郎自以为说清了留学生教育的意义,但实际上被留学生误解成"奴化教育"并对之产生了怀疑。杨度也认为自己将嘉纳治五郎的真实想法"解释清楚了",但事实并非如此。嘉纳治五郎在回首宏文学院的经历时也表示,没有比经营中国留学生学校更难的事情了[1]。留学过程中不可避免会出现各种疑虑,这些疑虑导致留学生发起了种种运动,于是留学生与留学生教育机构之间的关系变得很微妙。

对包括留学生和留学生教育机构在内的日本留学的恶评也是源于"自以为是"。一连串的"自以为是"相叠加,最后导致留学生在日本社会被孤立。留学生本以为"拒绝"了日本,但现实是主动放弃了中国的教育而选择了日本的教育。日本原本打算拒绝接收发起、参与运动的留学生,但由于想进军中国,再加上在国际形势的影响下而产生的"保全中国"的想法等,仍无法完全放弃接收留学生。因此,1906年以后,留学生数量越是骤减,招募留学生的呼声就越大。

通过赴日留学生,日本和中国在文化交流上都意识到了彼此的重要性,双方一致决定握手共渡难关。但是两者的握手都有些不自在,伸手方式的错误导致这种握手不是右手与右手的握手而

---

[1] 嘉納先生伝記編纂会編:『嘉納治五郎』,講道館1964年版,第189页。

是右手与左手的握手。双方均以为已经和对方握了手。正因如此，双方都对对方不理解自己而感到困惑。相反，与欧美人交流时，因为知道文化风俗不同，所以一开始就不会对对方抱有期待。

内藤湖南将日本文化形成过程中中国文化的作用比作做豆腐用的"卤水"。留学生和日本人都认为自己能够理解两国之间重合的文化。他们的深层心理认为两国为一衣带水的邻邦，自古以来就有多方面的文化交流。这种根深蒂固的想法加剧了他们错误的认识。这导致留学生和日本人陷入了"自以为相互理解却相互误解的文化交流怪圈"。

为了了解近代中日交流史，厘清清代赴日留学生带来的启示非常有必要。虽然本书讨论了赴日留学引发的许多问题，但是回国后的留学生中人才辈出，有成为著名政治家的，也有成为军人、教育家、文学家的。众所周知，他们都为中国的近代化做出了贡献。同时，我们也不能忘记在各地成为近代化先驱的赴日留学生，他们一步步打下了近代化的基础。另外，日语书籍被大量翻译介绍到中国也是在这个时期。留学生不仅将学到的新的知识、文化、思想介绍到中国，也促进了中国的文化事业和印刷、出版行业的发展。1902—1904年，留学生主导翻译的日语书籍有321种，占当时外语书籍翻译总量的60.2%（见表7-1）[1]。从这些方面可以看出赴日留学生在中日交流史上产生的巨大作用。

---

[1] 王晓秋著，木田和生訳：『中日文化交流史話』，日本エディタースクール出版部2000年版，第154—155页。

表 7-1 外语书籍的翻译情况（1902—1904 年）[①]

单位:种

类别	日本	英国	美国	德国	法国	俄国	其他	合计
哲学	21	9	2	1	0	0	1	34（6.4%）
宗教	2	1	0	0	0	0	0	3（0.6%）
文学	4	8	3	0	2	2	7	26（4.9%）
历史地理	90	8	10	0	3	0	17	128（24.0%）
社会科学	83	13	3	7	3	2	25	136（25.5%）
自然科学	73	10	9	0	5	0	15	112（21.0%）
应用科学	24	3	3	14	3	0	9	56（10.5%）
杂记	24	5	2	2	1	0	4	38（7.1%）
合计	321（60.2%）	57（10.7%）	32（6.0%）	24（4.5%）	17（3.2%）	4（0.8%）	78（14.6%）	533（100%）

注:括号中的数值为占比。

1896 年首批留学生只有 14 人,但仅在 10 年后就迎来了日本留学热潮。留学生人数增长到一两万名。对中国来说,日本留学热潮给中国人的学问乃至生活习惯等各方面带来了广泛的影响,是"首次大规模的海外体验"。对日本来说,日本留学热潮是"国内首次与外国人的大规模交流"。不难想象,因为对两者来说都是首

---

① 黄福庆:《清末留日学生》,中国台北"中央研究院近代史研究所"1975 年版,第 184—185 页。该表由笔者根据上述文献制作。

次体验,都经历了不断地摸索和尝试,所以随之带来的冲击也非常大。

通过"首次大规模的海外体验"使得留学生产生了新的想法,给留学生内部带来了变化。典型的例子就是思想上的变化。产生这种变化必须经历自我解体的过程。自我解体指的是面对没有察觉到的自己进行反省。例如,鲁迅回国后在阐述"国民性改造论"时指出"公共精神的欠缺",他认为中国落后的主要原因之一在于人民没有公共精神,这一点值得反省。鲁迅之所以能提出"公共精神的欠缺"是受到了日本留学经历的影响。

有关这一论点,刘建辉的观点不容忽视。刘建辉从不同于留学经历的角度进行了考察。根据刘建辉的说法,中国在甲午战争中意外惨败,人们对战败的反省对鲁迅的"公共精神的欠缺"观点产生了很大的影响。在塑造中国人自己的自我认知时,反省不可或缺。反省的依据是日本对中国的认识,以及与战胜国日本相比较之后显现出的各种"劣势"[1]。日本人认为中国人除了缺乏公共精神外,还存在"散漫""懒惰""不爱干净"的缺点。日本人将中国人的表象变化分为3个时期:第一个时期是安政开国后的文久年间到明治改元(1861—1868年);第二个时期是甲午战争后到日俄战争后的约10年时间(1894—1905年);第三个时期是大正中期到太平洋战争结束前(1919—1945年)"[2]。鲁迅的观点产生于第二

---

[1] 劉建輝:「日本で作られた中国人の『自画像』」,『中国21』2005年第22卷,第85—86頁。

[2] 劉建輝:「日本で作られた中国人の『自画像』」,『中国21』2005年第22卷,第86—87頁。

终 章

个时期。根据刘建辉的说法,日本对中国第二个时期的印象来源于战地报告和远渡中国漫游于各个地方的日本人[①]。

虽然鲁迅的思想确实受到了甲午战争战败的冲击,以及战地报告和漫游记的影响,但其同时也受到了留学经历的影响。日本媒体频繁抨击留学生,主要原因是留学生与日本人在生活和习惯上有摩擦。因为是与外国人首次大规模的交流,日本社会自然会受到很大的冲击,也难怪人们对中国留学生投以严厉的目光。其结果是日本社会通过留学生展示的形象而对中国产生了新的印象。

留学生第一次了解了自己与日本的不同,以及客观角度下的自己。留学生接受了日本所创造出的中国表象。在认识到自己之后,留学生深感耻辱,开始了自我反省。除鲁迅的"公共精神的欠缺"之外,"散漫""懒惰""不爱干净"也成为反省的依据。留学生所写的《留学生自治要训》便可作为佐证,它指出了以上问题并让中国人引以为戒。反省之后还需要创建新的自我认识。留学生认为自己的形象代表了国家的形象。回国后的留学生不仅像鲁迅主张的那样在生活习惯层面上感受到了差异,还清楚地认识到了自己国家与日本及西方列强之间国力的差距,于是他们自然而然地开始投身关系民族存亡的国家改造。

在这一连串的过程当中,作为中国人首次海外体验的日本留学具有很大的意义。中国人的留学体验带来了自我解体和反省,这意味着其迈出了国民、国家层面变化的第一步。但对于明治初

---

① 劉建輝:「日本で作られた中国人の『自画像』」,『中国21』2005年第22卷,第86頁。

期的中国赴日留学生来说,这种变化还处于初期,伴随着许多痛苦与困惑。实现真正的国民、国家层面变化的任务交给了下一代的留学生们。

  1972年中日邦交正常化。改革开放后,1988年中国迎来了新的留学热潮,虽然这次热潮无法与清代的留学热潮进行简单的对比,但是留学生同样通过留学感受到了与他国的差距,这种感觉远比在中国时强烈。他们意识到只依靠自己来建设祖国非常困难,也再次认识到了自己的国家是发展中国家的事实。于是他们和明治时期的留学生一样经过自我解体和反省,建构了新的身份。虽然他们没有像明治时期的留学生那样有强烈的主张,但回国后他们活跃在各个领域,给社会思潮、价值观念、政治制度和科学技术带来了很大的影响[①]。自我解体和反省成为改变崛起的契机。因此,日本留学经历具有重大意义,明治时期日本留学产生的"遇见新思想,反思自我,反省并构建新的身份"被传承至今。

  有一点值得注意的是,借用严安生的说法,爱憎相交这种心理也是从清代的留学中产生的[②]。也就是说,当经历自我反省建构出新的身份时,留学生对日本同时产生了向往和厌恶2种情绪。这一特点在今天也有所体现。例如,一边称赞日本的产品一边又感到屈辱。同样,日本对中国虽然感到亲近但同时也感到威胁和反感。这种基本模式在日中之间形成,也可以说是以明治时期中国人留学日本为契机的。

[①] 段跃中:『現代中国人の日本留学』,明石書店2003年版,第321页。
[②] 厳安生:「近代中国知識人の三波にわたる来日・留学体験について」,『立命館文学』2005年第590号,第36页。

终　章

　　1896年以后一直持续的留学生派遣计划因为辛亥革命于1913年暂停,1914年恢复派遣。辛亥革命后的留学与明治时期的留学相比发生了变化。明治时期的留学可以笼统地看作是表面的教育文化交流,因为日语能力等问题留学生没能融入日本社会,其交流是"自以为相互理解却相互误解的文化交流",这一点在本书中也进行了论述。无论怎么说,该阶段的留学是"首次尝试",因为是首次,不可能一切都顺利。作为"首次尝试",其留学效果是值得肯定的。

　　不管怎么说,清代赴日留学生的留学期限十分短暂,而需要学习的内容则很多,不仅有日语,还有普通学和专业,涉及内容十分广泛,所以留学生并没有时间与日本社会深入交流并洞察日本社会。实际上,这一教训影响了下一代留学生。人们开始深入思考"留学"到底是什么,开始意识到真正的留学并非短期留学而是需要花费时间来和日本社会接触,也不是仅限于课堂内的留学而是在校外也能与日本社会进行交流。这些并非只是留学生的想法。之后,特别是"对华文化事业"①实施后,中日两国在政府和教育机构层面,开始尝试通过吸收明治时期的教训来加强文化关系的紧密度,并促进相互理解。

　　到了抗日战争时期,赴日留学也没有中断,一直持续到战争结束。虽然受到国际政治力量的影响,但值得我们注意的是,即便在两国关系达到最紧张的时期,赴日留学依然没有中断。19世纪中

---

① 1923年3月制定并发布的《对华文化事业特别会计法》规定,以庚子赔款为主要流动资金,在外务省管辖之下开展留学生的接收与教育、医疗、人文交流等活动。

后期至今，日本国内的外国留学生中，中国人所占的比例一直领先。即使是留学大国美国也会受到国内外形势的影响，留学人数会出现波动，不会像日本这般稳定。因此，我们在谈及中日交流时，留学生是必不可少的存在。

今天我们常用"一衣带水""拥有悠久的中日文化交流历史""同文同种"这样的表述来描绘中日关系。正因如此，现在依然会产生"自以为相互理解却相互误解"的问题，可见相互理解非常困难。展望未来，不论是否愿意，日中两国都将继续强烈地意识到彼此的必要性。理解并明确中日的这些异同，促进两国交流，承担这些任务的重要人才正是中国的赴日留学生。首次体验外国生活的清代赴日留学生的经历给我们21世纪的中日交流带来了诸多启示。

后　记

本书基于我在国立大学法人综合研究大学院大学文化科学研究科国际日本研究专业完成的博士论文,并进行了一些小幅的删减和修订。

我博士就读于京都的国际日本文化研究中心。这里聚集了许多朝气蓬勃的研究人员。虽然研究会上白热化的辩论和大家敏锐的研究态度使得我多次想要退缩,但是这里的国际化和跨学科的学术环境让我切身体会到了研究的魅力和深度。

在这里,我受到了许多老师的熏陶,还得到了我的博士论文主审白幡洋三郎老师(国际日本文化研究中心教授)、副审井上章一老师(国际日本文化研究中心教授),以及严安生老师(北京日本学研究中心原所长)、川岛真老师(东京大学教授)、刘建辉老师(国际日本文化研究中心教授)等的悉心指导。特别是我的指导老师刘建辉教授在我研究受挫时给予我很多教诲和鼓励。在腰部抱恙、无法自由活动的时候,刘建辉教授仍特意来到研究中心指导我的研究,对此我感激不尽。此外,我硕士期间的指导教师椎名和男老师(杏林大学研究生院原教授)也经常给予我鼓励。在此,对以上老师表达我最真挚的谢意。

博士入学后首先担任我指导老师的是园田英弘老师(国际日本文化研究中心教授)。令人十分痛心的是，2007年4月园田英弘老师结束了自己的生命，我对突如其来的讣告深感愕然，不知所措。感谢园田英弘老师对我学术上的栽培之恩，在此将此书献至老师灵前，以表哀思。

因为篇幅关系，在此无法列举出所有帮助过、支持过我的人的名字，谨向各位表示深深的感谢。

目前，我在东北师范大学中国赴日本国留学生预备学校教授日语。学校位于长春，我在该校从事赴日留学预备人员的日语教育工作。1979年，中日政府商议共同创建该预备学校。该校因开启了"二战"后中国赴日留学的大门而被广为人知。我在异国他乡与中国学生接触时，脑海中浮现的是以嘉纳治五郎为代表的教育家和当时的赴日留学生。距最早的清代学生赴日留学已经有110余年了。尽管在不同的地方执教，但奇妙的是，我与嘉纳治五郎都致力于中国精英学生的预备教育。而且我现在执教的学校将在今年迎来成立30周年，这让我感到了妙不可言的缘分。

值此成立30周年之际，在东北师范大学中国赴日本国留学生预备学校李若柏校长、张群舟副校长、郑国爱副校长的指导下，中日两国13名研究人员对中国人赴日留学及所属机构进行了调研分析，我有幸得以加入该课题。该课题中有很多内容与我之前的研究相关，对此我非常高兴并感激不尽。

我想借此机会感谢我的父母，他们一直守护着我，包容了我的任性。还要感谢我的岳父岳母，他们每年都为我寄来自家种的大米。然后，我还想感谢我的妻子由贵子，每当我在研究上遇到挫折时，她总是支持我、鼓励我。

最后，我还想感谢日本 Hituzi 书房的松本功社长和细间理美编辑，感谢他们给予我出版此书的机会。

酒井顺一郎

2009 年 7 月 1 日

于莲花盛开的长春

译后记

如今,留学已经较为普遍,去日本留学成为许多留学生的选择。我们不禁会想,中国人赴日留学的原点在哪里?他们在日本的生活是怎样的?特别是19世纪末到20世纪初,对中国来说是一个变革和动荡的时代,处于时代风口浪尖上的留学生在赴日后思想会发生何种变化?处于和平年代和信息化时代的我们,在今天去往日本留学时,仍会出现诸多不适应,遇到诸多问题,更何况100多年前那个信息闭塞的封建时代。虽然他们中的大多数更注重自我的发展或享乐,但译者认为他们在当时的环境背景下,要前往自己不熟悉的环境长期生活,需要莫大的勇气。虽然他们的留学有这样那样的问题,不是完美的,但放到那个时代大背景下,译者不得不佩服他们。正因为他们难能可贵的勇气和尝试,中国才有了改变的可能,才有了我们今天的生活。

本书的作者酒井顺一郎老师之前在中国东北从事留学生的日语教育工作,所以译者认为酒井顺一郎老师对该课题的研究动机很强烈。本书用大量史实为我们生动地揭示了清代赴日留学生的面貌,全方位地为我们展现了留学生在日本的生活。由于一些客观因素，中文版译著割舍了原文的第六章。第六章的内容展现了留学生人性的一面，译者对此感到很遗憾。若读者懂日语，有机会去日本，又对本书的内容感兴趣的话，请一定阅读原著。

本书的翻译是浙江师范大学日语翻译硕士实践培养的一环，译者的两位研究生陈梓昕和梁润琪协助翻译了第四章和第五章。我们一起对译文进行了几轮修改。在此过程中，译者和两位研究生的翻译水平都有了些许提高，一定程度上实现了教学相长，在此对她们的付出表示感谢。

另外，借此机会，我还想对本书的作者酒井顺一郎老师在版权转让过程中的大力配合表示感谢。在联系本书版权和审校的过程中，鲁燕青编辑做了大量工作，在此深表感谢。本书是一本学术著作，同时也是一本通俗易懂的读物，适合各类读者阅读。

本书引用了大量中文史料，酒井顺一郎老师在写作时，大部分没有展现原文，而是直接将其翻译成了日文。译者在翻译过程中尽可能去寻找原中文史料，但由于年份久远，未能全部找到，部分内容只能根据日文来翻译，请各位读者谅解。译者在翻译过程中难免有疏漏之处，敬请各位读者批评指正。

王　俊

2023年2月14日